Weihnachtsbacken
mit
ROSS

BISCUIT

Weihnachtsbacken mit ROSS

ROSS ANTONY

MEINE 50 LIEBLINGS-REZEPTE

EMF

EIN BUCH DER
EDITION MICHAEL FISCHER

Inhalt

Morgen, Kinder, wird es Kuchen geben

COOKIES & CO. 81

ÜBERRASCHE DEINE GÄSTE 121

Morgen kommt der Weihnachtsmann, zieht die Küchenschürze an!

Merry Christmas!

Im Kamin knistert das Feuer. Es riecht nach Weihnachten. Alles ist festlich geschmückt, mit Tannenzweigen und Kiefernzapfen. Unser wunderschöner Weihnachtsbaum ist aufgebaut, überall leuchten Kerzen. Aus der Küche dringt ein wunderbarer Kuchenduft, mir läuft das Wasser im Munde zusammen. Meine Oma ist fleißig dabei, Kuchen, Pies, Trifles und Brownies zu backen. Abends wird sich unsere Familie um die festlich dekorierte Tafel versammeln und Omas einzigartige Kreationen in froher Runde genießen. Ich liebe Weihnachten!

Die Weihnachtszeit gehört zu meinen liebsten Kindheitserinnerungen. Schon damals habe ich mit Vergnügen meiner Oma Muffy und meiner Mama Vivien beim Backen geholfen – vor allem beim Auskratzen der Teigschüsseln und Ablecken der Löffel. So wurde ein kleiner Backfunken entzündet, der heute ein Feuer ist, das lichterloh brennt. Weihnachten bedeutet mir auch heute sehr viel. Ich kann es kaum erwarten, bis diese Jahreszeit beginnt.

Ich schmücke das Haus, backe viele Leckereien und singe dabei die alten Weihnachtslieder aus meiner Kindheit. Es ist eine ganz besondere Zeit für mich, obwohl sich viel geändert hat. Gerade in der Vorweihnachtszeit sind mein Mann Paul und ich beruflich viel unterwegs. Deswegen beginnen wir schon sehr früh, meist Ende Oktober, mit dem Schmücken unseres Hauses. Wenn wir zwischendurch für ein paar Tage nach Hause kommen, genießen wir diese warme und kuschelige Stimmung. Und ich nehme mir zwischendurch die Zeit, für meine Lieben kleine Köstlichkeiten zu backen – denn das gehört einfach dazu!

MERRY
CHRISTMAS

Ihr könnt euch nicht vorstellen, wie glücklich ich gewesen bin, als mein Verlag mir vorschlug, ein weiteres Backbuch zu machen. Diesmal ein Weihnachtsbackbuch! Ich war Feuer und Flamme – oder scharf wie Senf, wie wir Engländer sagen. Sofort holte ich meine Rezeptsammlung hervor und begann, meine besten Weihnachtsrezepte zusammenzustellen. Jedes Rezept ruft Erinnerungen an frühere Weihnachtsfeste hervor. Und vor allem stecken darin Gedanken an meine liebe Oma Muffy, die beste Bäckerin der Welt!

Ich hoffe, dass euch das Backen ebenso viel Spaß macht wie mir und dass auch bei euch aus dem kleinen Backfunken ein wahres Backfeuerwerk wird.

Also, ran an die Backschüsseln und frohe Weihnachten!

Euer

Rom xVx

Alle Jahre wieder … packt mich das Back-fieber!

It's the most
WONDERFUL TIME OF THE YEAR

Musik gehört immer zu meinem Leben, aber ganz besonders an Weihnachten liebe ich es, Musik zu hören und zu singen. Auch beim Backen geht alles besser von der Hand, wenn ich durch die Küche tänzeln kann. Für Euch habe ich eine Playlist meiner Lieblings-Weihnachtssongs zusammengestellt. Ihr hört meine persönlichen Favoriten und natürlich singe ich auch selbst für euch ein paar tolle Xmas-Tunes. Scannt einfach diesen Code mit eurem Smartphone und ihr kommt direkt zu meiner „Weihnachtsbacken mit Ross"-Playlist.

HIER ENTLANG ZUR WEIHNACHTSSTIMMUNG

Zutaten aus der WEIHNACHTSELFEN-BACKSTUBE

In der britischen Küche werden oft Zutaten verwendet, die im deutschsprachigen Raum weniger bekannt sind. Hier verrate ich dir, was sich hinter den Begriffen versteckt und wodurch du solche Zutaten bei Bedarf ersetzen kannst. Zudem enthalten einige meiner Rezepte Fertigmischungen, die du leicht selbst herstellen kannst. Mit folgenden Hinweisen und Rezepten zu den einzelnen Zutaten möchte ich dir das Backen erleichtern.

CRÈME DOUBLE

Crème double, auch als Doppelrahm bekannt, ist eine feste süße Sahne mit einem Fettgehalt von 40–55 %. Sie wird zum Backen und für Süßspeisen verwendet. Leider findet man sie nicht in jedem Supermarkt. Als Ersatz kannst du Crème fraîche verwenden oder Mascarpone und süße Sahne zu gleichen Teilen mischen. Als Ersatz in Tortencremes eignet sich auch fest geschlagene Schlagsahne.

VANILLEEXTRAKT

Vanilleextrakt ist eine Flüssigkeit, die durch Einlegen des Vanillemarks in Alkohol hergestellt wird. Es eignet sich gut zum Backen und kommt in vielen meiner Rezepte vor.

Wenn du kein Vanilleextrakt hast, kannst du es durch reines Vanillemark oder Vanillezucker ersetzen. Dabei gilt:
1 TL Vanilleextrakt = Mark von ½ Vanilleschote
= 1 Pck. Vanillezucker

LEBKUCHENGEWÜRZ

Diese Gewürzmischung darf in keiner Weihnachtsbäckerei fehlen. Du kannst Lebkuchengewürz leicht selbst herstellen. Mische folgende gemahlene Gewürze und fülle sie in ein luftdichtes Glas:

- 4 TL gemahlener Zimt
- 1 TL gemahlene Nelken
- 1 TL frisch geriebene Muskatnuss
- 1 TL gemahlener Kardamom
- ½ TL gemahlene Anis
- ½ TL gemahlener Piment
- ½ TL gemahlene Vanille

MINCEMEAT

Diese traditionelle britische Zutat ist eine Mischung aus getrockneten Früchten, Branntwein und Gewürzen. Ursprünglich wurden auch Fleisch und tierisches Fett hinzugefügt. Im Vereinigten Königreich und den USA ist Mincemeat in verschiedenen Zubereitungsarten in jedem Supermarkt erhältlich. Hierzulande findest du es im Delikatessenladen oder im Online-Handel.

Du möchtest Mincemeat selbst machen? Hier ist ein einfaches Rezept:

Zutaten

- 1 Apfel
- 100 g Rosinen
- 100 g Cranberrys
- 100 g Zucker
- 200 g Butter
- 75 g gehackte Mandeln
- 2 EL Orangeat
- ½ TL gemahlener Zimt
- ¼ TL gemahlene Nelken
- ¼ TL gemahlener Ingwer
- ¼ TL frisch geriebene Muskatnuss
- ½ TL Vanilleextrakt
- 200 ml Brandy (alternativ Orangensaft)

So geht's

Apfel schälen, entkernen und in kleine Stücke schneiden. Apfelstücke, Rosinen, Cranberrys, Zucker und Butter in einem Topf bei mittlerer Temperatur köcheln lassen, bis die Butter geschmolzen ist. Mandeln, Orangeat und Gewürze hinzugeben. Temperatur erhöhen und 5–10 Minuten unter gelegentlichem Umrühren aufkochen. Vom Herd nehmen, Brandy unterrühren und 30 Minuten abkühlen lassen. In saubere Einmachgläser füllen. Hält sich bis zu 4 Wochen im Kühlschrank.

Rezepte

Kuchen & Torten

Seite 32
CRANBERRY-BIRNEN-PIE

Seite 42
FESTLICHE MANDELTORTE

Seite 48
TIRAMISU-CHEESECAKE

Seite 54
BRITISCHER WEIHNACHTSKUCHEN

Wenn es im Advent draußen dunkel und kalt ist, machen wir es uns drinnen gemütlich. Im Kamin knistert das Feuer, Kerzen verbreiten eine behagliche Stimmung – und auf dem weihnachtlich gedeckten Tisch warten Kaffee, Tee und Kuchen darauf, uns den Nachmittag zu versüßen.

Meine Kuchenrezepte stammen von meiner Oma, meiner Mutter Vivien und meiner Schwiegermutter Jill – und teilweise auch aus der ganzen Welt. Auf meinen Reisen sammele ich Ideen und Rezepte für außergewöhnliche Leckereien, die ich zu Hause nachbacke und verfeinere.

Und auch für Freunde des veganen und glutenfreien Genusses finden sich Anleitungen für schmackhafte Kuchen. So ist in dieser Rezeptsammlung für jede*n etwas dabei: Ob traditionell britisch, ungewöhnlich exotisch oder ernährungsbewusst gesund – alle diese Kuchen sind absolut lecker!

Chocolate FUDGE CAKE

Zutaten

für 1 kleine Springform (Ø 18 cm)

- 230 g Zartbitterschokolade (ca. 70 % Kakaoanteil)
- 230 g Butter
- 230 g Zucker
- 4 Eier
- 1 TL Speisestärke
- Schokoladenspäne zum Dekorieren

SO GEHT'S

1. Die Zartbitterschokolade zerbrechen und mit der Butter über dem Wasserbad schmelzen. Vom Herd nehmen und abkühlen lassen.

2. Die Masse in eine Schüssel füllen. Den Zucker hinzufügen und gut verrühren, bis er sich aufgelöst hat. Die Eier erst verquirlen und dann unterrühren. Zum Schluss die Speisestärke hinzugeben und die Masse mit dem Handrührgerät zu einem glatten Teig verarbeiten.

3. Den Backofen auf 180 °C Ober-/Unterhitze (160 °C Umluft) vorheizen. Die Springform einfetten und den Teig hineinfüllen. Im heißen Ofen (unten) 1 Stunde backen.

4. Auf einem Gitter abkühlen lassen, dann bis zum Servieren kalt stellen. Mit Schokospänen dekorieren. Nach Belieben mit Schlagsahne oder Vanilleeis servieren.

Eierlikör-CHEESECAKE

Zutaten

für 1 Springform (Ø 24 cm)

FÜR DEN BODEN

- ★ 100 g Vollkornkekse
- ★ 60 g Butter

FÜR DIE FÜLLUNG

- ★ 650 g Frischkäse
- ★ 150 g Zucker
- ★ 2 EL Mehl
- ★ 2 Eier (Größe L)
- ★ 100 ml Eierlikör
- ★ ½ TL Lebkuchengewürz
- ★ ¼ TL frisch geriebene Muskatnuss

SO GEHT'S

1. Die Springform einfetten und sowohl den Boden als auch die Seiten mit Backpapier auskleiden. Die Vollkornkekse zerkrümeln. Die Butter in einem Topf bei niedriger Temperatur schmelzen. Die geschmolzene Butter mit den Kekskrümeln vermischen und auf dem Springformboden gleichmäßig festdrücken. Kurz kalt stellen.

2. Frischkäse und Zucker mit einem Handrührgerät vermengen. Das Mehl unterrühren. Die Eier mit dem Schneebesen in einer anderen Schüssel verquirlen und langsam unter die Frischkäsemischung rühren. Eierlikör und Gewürze mit einem Löffel vorsichtig unterheben.

3. Die Füllung auf den Keksboden gießen. Die Backform leicht auf die Arbeitsfläche klopfen, um Luftblasen zu entfernen.

4. Den Backofen auf 160 °C Ober-/Unterhitze (140 °C Umluft) vorheizen. Eine große Backform in die Mitte des Ofens stellen und 3–4 cm hoch mit kochendem Wasser füllen. Die Springform mit dem Kuchen hineinsetzen und ungefähr 50 Minuten backen, bis die Oberfläche fest ist.

5. Den Kuchen 20 Minuten auskühlen lassen, danach für 2–3 Stunden im Kühlschrank kalt stellen. Vor dem Servieren 30 Minuten Raumtemperatur annehmen lassen.

ROSS' TIPP

Cheesecake lässt sich gut einfrieren. Wenn du zu Weihnachten Besuch erwartest, kannst du den Kuchen einige Tage vorher backen und nach dem Abkühlen einfrieren. Zum Auftauen über Nacht in den Kühlschrank stellen.

Apfelkuchen GEHT IMMER

Zutaten

für 1 Springform (Ø 24 cm)

- 600 g Äpfel
- Zitronensaft
- 300 g + 1 EL Zucker
- 90 g Butter
- 1 Ei (Größe L)
- 230 g Mehl
- 1 TL Backpulver
- Puderzucker zum Bestäuben

SO GEHT'S

1. Die Äpfel waschen, entkernen und in Spalten schneiden. Einige Apfelspalten mit Zitronensaft beträufeln und für die Dekoration beiseitestellen. Die restlichen Apfelspalten mit 3 EL Wasser und 1 EL Zucker in einer Pfanne unter stetigem Umrühren köcheln lassen, bis der Zucker sich aufgelöst hat.

2. Butter, Zucker und Ei schaumig schlagen. Das Mehl mit dem Backpulver mischen und löffelweise unterrühren.

3. Den Backofen auf 180 °C Ober-/Unterhitze (160 °C Umluft) vorheizen und die Springform einfetten. Die Äpfel auf dem Teig verteilen, sodass sie leicht einsinken. Im heißen Ofen (Mitte) 60–75 Minuten backen.

4. Mit Puderzucker bestäuben und mit den Apfelspalten garnieren.

Japanischer WEIHNACHTSKUCHEN

Zutaten

für 1 Springform (Ø 24 cm)

FÜR DEN TEIG

- 100 g Reisöl (alternativ Sonnenblumenöl)
- 6 Eigelb
- 200 ml Milch
- 300 g Mehl
- 2 TL Backpulver
- 150 g Zucker

FÜR DAS BAISER

- 6 Eiweiß
- ½ TL Weinstein (alternativ: Zitronensaft)
- 150 g Zucker
- 2 TL Vanilleextrakt

FÜR DIE FÜLLUNG

- 1 große Dose Mandarinen (Abtropfgewicht ca. 500 g)
- 1 kg (Konditor-)Sahne

SO GEHT'S

1. Für den Teig Öl, Eigelbe und Milch vermengen. In einer zweiten Schüssel Mehl, Backpulver und Zucker mischen. Die Mehlmischung löffelweise unter die Eigelbmischung rühren.

2. Die Eiweiße für das Baiser steif schlagen. Den Weinstein hinzufügen und löffelweise den Zucker untermischen. Vanilleextrakt unterrühren. Die Baisermasse portionsweise unter den Teig heben.

3. Den Backofen auf 160 °C Ober-/Unterhitze (140 °C Umluft) vorheizen. Die Backform leicht einfetten und mit Backpapier auskleiden, dieses am Rand 5–10 cm überstehen lassen. Teig in die Form füllen und glatt streichen. Die Backform leicht auf die Arbeitsfläche klopfen, um Luftblasen zu entfernen. Im heißen Ofen (Mitte) 55 Minuten backen. Die Oberfläche sollte nicht braun werden – gegebenenfalls die Temperatur reduzieren.

4. Den Kuchen 15 Minuten in der Form abkühlen lassen, dann mit dem Backpapier aus der Form nehmen und weiter abkühlen lassen. Backpapier entfernen und den Kuchen horizontal in drei Lagen schneiden.

5. Die Mandarinen in einem Sieb abtropfen lassen. 1 Handvoll für die Dekoration beiseitelegen. Die Hälfte der Sahne aufschlagen. Die Mandarinen darunterheben.

6. Die erste Ebene auf eine Servierplatte legen und mit der Hälfte der Mandarinensahne bestreichen. Die nächste Ebene darauflegen und die restliche Mandarinensahne darauf verstreichen. Die obere Ebene darauf platzieren und das Ganze im Kühlschrank 30 Minuten kalt stellen.

7. Die restliche Sahne aufschlagen und damit die Torte gleichmäßig überziehen. Mit Mandarinen dekorieren.

Cranberry-BIRNEN-PIE

Zutaten

für 1 Tarteform (Ø 24 cm)

FÜR DEN TEIG

- 150 g Mehl
- Salz
- 6 EL Margarine

FÜR DIE FÜLLUNG

- 200 g getrocknete Cranberrys
- 2 EL Cider (alternativ Apfelsaft)
- 50 g Zucker
- 1 EL Ahornsirup
- 4–5 Birnen
- ½ TL gemahlener Zimt
- ½ TL frisch geriebene Muskatnuss

FÜR DIE STREUSEL

- 100 g Zucker
- 100 g Mehl
- 100 g Margarine

SO GEHT'S

1. Für den Teig Mehl und ½ TL Salz in einer Schüssel mischen. Die Margarine löffelweise hinzugeben und gut verkneten. 3–6 EL eiskaltes Wasser nach Bedarf hinzugeben, bis sich der Teig von der Schüssel lösen lässt. Auf einer bemehlten Arbeitsfläche mit den Händen kneten. Zu einer Kugel formen und dünn ausrollen. Die Tarteform einfetten und die Teigplatte hineinlegen, sodass der Teig Boden und Ränder bedeckt.

2. Cranberrys mit Cider (bzw. Apfelsaft), Zucker und Sirup in einem Topf 3–4 Minuten köcheln lassen. Zum Abkühlen vom Herd nehmen.

3. Die Birnen waschen, entkernen und in dünne Scheiben schneiden. Zu den Cranberrys geben und Gewürze hinzufügen. Die Füllung auf dem Teigboden verteilen.

4. Den Backofen auf 190 °C Ober-/Unterhitze (170 °C Umluft) vorheizen. Zucker, Mehl und Margarine zu Streuseln verkneten und gleichmäßig über den Pie verteilen.

5. Pie 10 Minuten im heißen Ofen (Mitte) backen, dann die Hitze auf 160 °C (140 °C Umluft) reduzieren und weitere 25–30 Minuten backen, bis die Streusel leicht braun werden. Vor dem Servieren den Pie noch etwas abkühlen lassen.

Haselnuss-
SCHOKO-BAISER

Zutaten

für 1 Springform
(Ø 20 cm, mind. 7 cm hoch)

FÜR DEN TEIG

- 100 g gehackte Haselnusskerne
- Butter zum Rösten
- 50 g Zartbitterschokolade (ca. 70 % Kakaoanteil)
- 4 Eiweiß
- 225 g Zucker
- 75 g getrocknete Cranberrys

FÜR DAS TOPPING

- 150 g Crème fraîche
- 150 g fettarmer griechischer Joghurt
- 1 EL Schokostreusel

SO GEHT'S

1. Die Haselnüsse in einer kleinen Pfanne mit etwas Butter anrösten, dann abkühlen lassen. Die Schokolade klein hacken.

2. Die Springform einfetten. Den Backofen auf 190 °C Ober-/Unterhitze (170 °C Umluft) vorheizen.

3. Die Eiweiße steif schlagen, den Zucker löffelweise unterschlagen.

4. Haselnüsse, Cranberrys und Schokostückchen unter die Eiweißmasse heben. Die Mischung in die Springform füllen und im heißen Ofen (Mitte) 35 Minuten backen, bis der Teig aufgegangen und an der Oberfläche kross ist.

5. In der Zwischenzeit Crème fraîche und Joghurt verquirlen. Diese Creme auf dem Baiser verteilen. Mit Schokostreuseln dekorieren. Frisch servieren oder kurz kalt stellen.

ROSS' TIPP

Der Baiser-Kuchen sollte möglichst gleich am Backtag gegessen werden.

Glutenfreier RICOTTA-KÄSEKUCHEN

Zutaten

für 1 kleine, hohe Springform
(Ø 18 cm)

FÜR DEN BODEN

- 200 g glutenfreie Kekse
- 100 g geröstete Walnusskerne
- 150 g Butter

FÜR DIE FÜLLUNG

- 350 g Frischkäse
- 250 g Ricotta
- 45 g Puderzucker
- 3 EL Honig
- 1 EL Vanilleextrakt

FÜR DIE DEKORATION (NACH BELIEBEN)

- frische oder getrocknete Feigen
- 30 g Granatapfelkerne
- 20 g geröstete Walnusskerne

SO GEHT'S

1. Kekse und Walnüsse im Mixer fein zerkleinern. Die Butter bei geringer Temperatur in einem Topf schmelzen und mit den zerkleinerten Keksen und Nüssen vermischen. Die Springform einfetten. Die Keks-Nuss-Butter-Mischung hineingeben und gleichmäßig auf dem Boden festdrücken. 30 Minuten kalt stellen.

2. Die Zutaten für die Füllung vermengen, bis sie eine dicke, fluffige Masse ergeben. Die Füllung auf den Keksboden geben und glatt streichen. Mindestens 4 Stunden kalt stellen, am besten über Nacht.

3. Vor dem Servieren 30 Minuten Raumtemperatur annehmen lassen. Nach Belieben mit Feigen, Granatapfelkernen und Walnüssen garnieren.

Weihnachten bei Oma

Meine Oma lebte früher in einem typisch englischen „Cottage" im Wald. Das kleine, einstöckige Häuschen aus Natursteinen lag mitten im Grünen. Der wundervoll angelegte Garten war von einer Bruchsteinmauer und dichten Hecken umschlossen. Wenn ich als Kind zur Weihnachtszeit meine Oma besuchte, kam es mir vor, als sei ich in einer Märchenwelt. Das urige Häuschen war weihnachtlich dekoriert, mit Tannenzweigen, Stechpalmen und Weihnachtssternen. Rund um die Eingangstür wand sich eine Girlande aus Stechpalmenzweigen, die mit farbigen Bändern zusammengehalten wurden. Auf der Fensterbank lugten hinter Tannenzweigen Weihnachtssternblüten hervor.

In meiner Erinnerung lag überall tiefer Schnee, rund um das Haus, auf dem Dach, auf den Hecken. Der Wald war von einer glitzernden weißen Haube überzogen, es wirkte ruhig und festlich.

Im Häuschen selbst roch es nach Weihnachten. Sämtliche Dekorationen, die überall reichlich vorhanden waren, hat meine Oma selbst hergestellt. Wir sind bereits im Herbst zusammen in den Wald gegangen, um Kiefernzapfen, schöne Zweige, Hagebutten, Misteln und allerlei dekorative Pflanzenteile zu sammeln. Daraus fertigte meine Oma wundervollen Weihnachtsschmuck an. Der frisch geschlagene Weihnachtsbaum mit den Bienenwachskerzen verbreitete einen Duft, der für mich bis heute einzigartig ist. Im Kamin knisterte ein Feuer, alles war gemütlich, heimelig – ich fühlte mich bei meiner Oma stets geborgen und geliebt.

AN WEIHNACHTEN WAREN WIR ALS FAMILIE IMMER ZUSAMMEN. DAS WAR GANZ BESONDERS MEINER OMA WICHTIG. JEDER HAT SICH AUF DIE TAGE GEFREUT. ICH GLAUBE, DIE LIEBE ZU WEIHNACHTEN WURDE MIR DA SCHON SEHR FRÜH „EINGEPFLANZT".

MEINE OMA UND ICH WAREN EIN HERZ UND EINE SEELE, OHNE SIE GING NICHTS. ICH HABE IHR WIRKLICH VIEL ZU VERDANKEN. NATÜRLICH GANZ VORN: MEINE LIEBE ZUM BACKEN.

AUCH DIE TIERLIEBE HAT MIR MEINE OMA „VERERBT“. WIR HATTEN ZUM BACKEN IMMER FRISCHE EIER, DENN SIE KÜMMERTE SICH RÜHREND UND LIEBEVOLL UM IHRE HÜHNER.

Meine Oma war immer am Kochen und Backen. Sie war eine typische englische Lady, stilvoll und elegant gekleidet. Doch im Haus trug sie eine altmodische Küchenschürze und hatte ein Tuch um den Kopf gebunden. An ihren Händen klebte Mehl, und ihre Arme waren kräftig vom vielen Teigkneten. Mit Feuereifer half ich ihr beim Backen und Dekorieren der Leckereien – und natürlich beim Auslecken der Teigschüssel.

AUF DER BÜHNE (HIER SPIELT MEINE OMA IN DEM THEATERSTÜCK „THE QUAKER GIRL“ EINE BÄCKERIN) – WIE IN DER KÜCHE: MEINE OMA WAR EINE FANTASTISCHE BÄCKERIN, SIE TRUG IMMER EINE SCHÜRZE.

Omas Backstube

Die Küche war ein magischer Ort für mich. Besonders wenn meine Oma bei Kerzenlicht arbeitete. Ich wunderte mich darüber und fragte sie: „Warum schaltest du nicht das elektrische Licht an?" Sie antwortete: „Man sieht doch bei Kerzenlicht viel schöner aus." Sie meinte damit, dass man im Kerzenschein ihre Falten nicht so deutlich sieht. In der Hinsicht war sie ein wenig eitel. Aber das Kerzenlicht zaubert nicht nur Falten weg. Der Schein der flackernden Kerzen verleiht dem Raum eine ganz eigene Atmosphäre. Es passt einfach viel besser zur Weihnachtsbäckerei als das kalte elektrische Licht.

Ihre Rezepte schrieb meine Oma stets in ihr kleines Notizbuch. Sie ergänzte die Rezepte mit ihren Erfahrungen und notierte Variationen, die sie ausprobiert hatte. Dieses Büchlein hat sie meiner Mutter vererbt. Als es eines Tages verloren ging, waren wir alle sehr bestürzt. Erst bei einem Umzug ist es wie durch ein Wunder wieder aufgetaucht. Daraufhin hat meine Mutter mir das Büchlein gegeben, weil sie weiß, wie viel es mir bedeutet. Es hat jetzt einen Ehrenplatz in meiner Küche. Ich nehme es gerne zur Hand, wenn ich eine Idee für eine besondere Leckerei suche.

IMMER ZUSAMMEN, NIEMALS GETRENNT. MEINE OMI WAR ÜBERALL DABEI. HIER WAREN WIR AUF DEM WEG ZU EINEM TENNISTURNIER.

Festliche MANDELTORTE

Zutaten

für 1 kleine Springform (Ø 20 cm)

FÜR DEN TEIG

- 6 Eier
- 240 g Zucker
- 1 Pck. Vanillezucker
- 180 g Mehl
- ½ TL Backpulver
- 150 ml Milch
- 100 ml Rum (nach Belieben)

FÜR DIE FÜLLUNG

- 170 g gehackte Mandeln
- 170 g Zucker
- 170 g Butter
- 2 Eigelb
- 50 ml Rum (nach Belieben)
- 300 g Sahne

FÜR DIE DEKORATION

- 50 g Mandelblättchen

SO GEHT'S

1. Den Backofen auf 180 °C Ober-/Unterhitze (160 °C Umluft) vorheizen. Für den Biskuitboden die Eier schaumig schlagen. Zucker und Vanillezucker hinzugeben und auf höchster Stufe 10 Minuten rühren. Danach Mehl und Backpulver bei geringer Stufe untermischen.

2. Den Teig in eine gefettete Springform füllen und im heißen Ofen (Mitte) 30–40 Minuten backen.

3. Den Biskuitboden abkühlen lassen, aus der Springform nehmen und auf einen Teller setzen. Mit einem dünnen Messer horizontal in drei Böden schneiden. Diese in einer Mischung aus Milch und Rum einweichen und kalt stellen. (Wenn du keinen Rum verwenden möchtest, erhöhe die Milchmenge auf 200 ml.)

4. Die gehackten Mandeln mit dem Zucker in einer Pfanne braun anrösten. Die Butter schaumig schlagen. Zucker-Mandeln, Eigelbe und Rum unterrühren. Die Sahne in einer anderen Schüssel steif schlagen und vorsichtig unterheben. Die Creme 30 Minuten kalt stellen.

5. Biskuitböden abtropfen lassen und den ersten auf eine Tortenplatte legen. Jede Biskuitplatte mit einem Drittel der Creme bestreichen. Danach die drei Teile aufeinandersetzen. Kalt stellen und vor dem Servieren mit Mandelblättchen garnieren.

Mandel-KARAMELL-KUCHEN

Zutaten

für 1 kleine Springform (Ø 20 cm)

FÜR DEN TEIG

- 80 g gesalzene Butter
- 90 g Rohrzucker
- Mandelaroma
- 3 Eier
- 70 g Mehl
- 1 TL Backpulver
- 30 g gemahlene Mandeln

FÜR DIE GLASUR

- 75 g Mandelblättchen
- 75 g gesalzene Butter, plus etwas mehr für die Mandeln
- 75 g Rohrzucker
- 1 gehäufter EL Mehl
- 3 EL Vollmilch

SO GEHT'S

1. Den Backofen auf 190 °C Ober-/Unterhitze (170 °C Umluft) vorheizen und die Springform einfetten.

2. Für den Teig die Butter schaumig schlagen. Zucker und einige Tropfen Mandelaroma hinzufügen und verrühren. Die Eier nacheinander dazugeben und verrühren. Mehl mit Backpulver und gemahlenen Mandeln mischen und löffelweise unterrühren.

3. Den Teig in die Springform füllen und im heißen Ofen (Mitte) ca. 25 Minuten backen.

4. Ca. 10 Minuten vor Ende der Backzeit mit der Karamellglasur beginnen: Die Mandelblättchen mit etwas Butter in einer kleinen Pfanne kurz anbräunen und beiseitestellen. Restliche Butter, Zucker, Mehl und Milch in einem kleinen Topf bei geringer Hitze schmelzen und dabei stetig mit einem Schneebesen umrühren. Wenn die Masse glatt ist, die gerösteten Mandelblättchen unterrühren.

5. Die Glasur über den noch warmen Kuchen gießen und für weitere 10–15 Minuten in den Ofen geben, bis die Glasur leicht dunkel wird. Abkühlen lassen, bevor der Rand der Springform gelöst wird.

Cranberry-Amaretto-BAKEWELL-TARTE

Zutaten

für 1 kleine Springform (Ø 20 cm)

FÜR DEN TEIG

- 250 g Mehl
- Salz
- 2 EL Puderzucker
- 140 g kalte Butter
- 2 Eigelb

FÜR DIE FÜLLUNG

- 150 g TK-Cranberrys
- 100 g Rohrzucker
- 2 EL Amaretto (alternativ Orangensaft, nach Belieben)

FÜR DIE FRANGIPANE

- 100 g gesalzene Butter
- 100 g Zucker
- 1 große Bio-Orange
- 4 Amaretti
- 50 g gemahlene Mandeln
- 1 TL Mandelaroma
- 2 Eier

FÜR DIE DEKORATION

- 50 g Mandelblättchen
- 50 g Puderzucker

SO GEHT'S

1. Mehl, ¼ TL Salz und Puderzucker vermischen. Die Butter in Würfel schneiden und alles vermengen, bis die Masse krümelig ist. Eigelbe verquirlen und mit dem Handrührgerät auf hoher Stufe untermixen. 1–2 EL eiskaltes Wasser hinzugeben und weiterrühren. Teig auf einer bemehlten Oberfläche zu einer Platte formen und, in Butterbrotpapier eingewickelt, für 30 Minuten im Kühlschrank ruhen lassen.

2. Den Backofen auf 200 °C Ober-/Unterhitze (180 °C Umluft) vorheizen und die Springform einfetten. Den Teig auf ca. 25 cm Durchmesser ausrollen und in die Form legen, sodass Boden und Rand bedeckt sind. Backpapier und Backbohnen daraufgeben. Im heißen Ofen 15 Minuten blindbacken. Ohne Bohnen und Backpapier weitere 7–10 Minuten backen.

3. Für die Füllung Cranberrys, Zucker und Likör in einem Topf 10–15 Minuten bei mittlerer Hitze aufkochen. Wenn die Mischung eingedickt ist, den Topf zum Abkühlen beiseitestellen.

4. Für die Frangipane Butter und Zucker mit dem Rührgerät schaumig schlagen. Die Orange heiß waschen, abtrocknen, die Schale abreiben und den Saft auspressen. Die Amaretti zerbröseln. Die Hälfte der geriebenen Orangenschale, die Mandeln, die Amaretti, das Mandelaroma und die Eier hinzufügen und alles 1 Minute lang rühren.

5. Die Füllung auf dem Teig verteilen. Die Frangipane darüber streichen. Mit Mandelblättchen bestreuen. Im heißen Ofen (Mitte) 35–40 Minuten backen, bis die Frangipane goldfarben und fest ist. Wenn sie zu früh braun wird, mit Backpapier abdecken. In der Form auskühlen lassen.

6. Puderzucker mit 1 EL Orangensaft und der restlichen Orangenschale zu einer Glasur verrühren und vor dem Servieren über die Torte verteilen.

ROSS' TIPP

Keine Sorge, wenn etwas übrig bleibt: Die Torte hält sich in einem luftdichten Gefäß bei Raumtemperatur bis zu drei Tage.

Tiramisu-CHEESECAKE

Zutaten

für 1 kleine Springform (Ø 20 cm)

FÜR DEN TEIG

- 65 g Butter, plus etwas mehr für die Form
- 175 g Double-Chocolate-Chip-Kekse

FÜR DIE CREME

- 5 Blätter Gelatine
- 500 g Mascarpone
- 300 ml Vanillesauce
- 75 g Zucker

FÜR DEN ZWISCHENBODEN

- 15 Löffelbiskuits
- 3 EL starker kalter Kaffee
- 2 EL Brandy (nach Belieben)

FÜR DIE DEKO

- 100 g geschlagene Sahne
- Schokoblätter
- goldene Zuckerkugeln
- Backkakao

SO GEHT'S

1. Die Springform einfetten. Die Kekse zerbröseln und mit der restlichen Butter mischen. Die Mischung auf den Boden der Springform drücken.

2. Die Gelatineblätter nebeneinander auf einen flachen Teller legen und mit kaltem Wasser bedecken. 5 Minuten einweichen, dann mit Küchenpapier abtrocknen und in eine hitzebeständige Schale legen. 4 EL sehr heißes Wasser darübergießen und umrühren, bis sich die Gelatine aufgelöst hat. Danach 10 Minuten abkühlen lassen.

3. Die Löffelbiskuits auf einem flachen Teller auslegen. Den Kaffee (ggf. mit dem Brandy vermischt) über die Biskuits träufeln. Zur Seite stellen, damit sich die Biskuits vollsaugen können.

4. Für die Creme Mascarpone, Vanillesauce und Zucker zusammen aufschlagen. Die gelöste Gelatine unterrühren. Die Hälfte der Masse auf den Butter-Keks-Boden in der Springform geben und verteilen.

5. Die Löffelbiskuits in einer Lage darauflegen, gegebenenfalls zerbrechen. Die restliche Creme darüber verteilen. Für 2 Stunden kalt stellen, bis die Masse fest ist.

6. Den Kuchen aus der Springform nehmen und auf eine Servierplatte setzen. Mit Schlagsahne, Schokoblättern und Goldkugeln verzieren und mit Kakaopulver bestreuen.

Lebkuchen-MANGO-TORTE

Zutaten

für 2 kleine Springformen (Ø 18 cm)

FÜR DEN TEIG

- ★ 180 g Butter, plus etwas mehr für die Form
- ★ 180 g Rohrzucker
- ★ 180 g Zuckerrübensirup
- ★ 220 ml Vollmilch
- ★ 370 g Mehl
- ★ 3 TL Backpulver
- ★ 1 EL gemahlener Ingwer
- ★ 1 EL Lebkuchengewürz

FÜR DIE GLASUR

- ★ 160 g Butter
- ★ 125 g Doppelrahm-Frischkäse
- ★ 1 TL Vanilleextrakt
- ★ 300 g Puderzucker
- ★ 400 g Mangoscheiben (Dose)

FÜR DIE DEKORATION

- ★ kleine Lebkuchen

SO GEHT'S

1. Für die Tortenböden die Butter mit dem Rohrzucker und dem Sirup bei mittlerer Hitze in einer Pfanne schmelzen. Dabei stetig umrühren, bis eine homogene Masse entsteht. Vom Herd nehmen, in die Milch einrühren und 10 Minuten abkühlen lassen.

2. Den Backofen auf 170 °C Ober-/Unterhitze (150 °C Umluft) vorheizen. Zwei Springformen einfetten. Das Mehl mit Backpulver und Gewürzen in eine Schüssel sieben. Die geschmolzene Masse nach und nach zugeben und gut untermischen, bis ein glatter, zähflüssiger Teig entsteht.

3. Den Teig auf die beiden Formen aufteilen und im heißen Ofen (Mitte) ca. 45 Minuten backen, bis sich die Oberfläche fest anfühlt.

4. Die Böden 10 Minuten abkühlen lassen, dann aus der Form nehmen und auf einem Gitter vollständig auskühlen lassen. Die beiden Böden mit einem dünnen, langen Messer oder einem festen Faden waagerecht mittig teilen, sodass vier Böden entstehen.

5. Für die Glasur die Butter schaumig schlagen. Frischkäse und Vanilleextrakt unterrühren. Den Puderzucker löffelweise hineinsieben und verrühren, sodass eine dickflüssige Glasur entsteht.

6. Die Mangoscheiben gegebenenfalls dünner schneiden. Die Glasur auf den Böden verteilen und die Mangoscheiben darauflegen. Die Böden übereinandersetzen und die restliche Glasur um den Rand verteilen. Vor dem Servieren mit kleinen Lebkuchen dekorieren.

Minzige SCHOKOTORTE

Zutaten

für 1 rechteckige Backform
(35 x 11 cm)

FÜR DEN TEIG

- ★ 180 g Mehl
- ★ 80 g Puderzucker
- ★ 50 g Backkakao
- ★ Salz
- ★ 140 g kalte Butter
- ★ 2 Eigelb

FÜR DIE GANACHE

- ★ 70 g weiße Schokolade
- ★ 70 g Crème double
- ★ 1 TL Pfefferminzextrakt

FÜR DIE GLASUR

- ★ 100 g Zartbitterschokolade
- ★ 100 g Crème double
- ★ 100 g Rohrzucker
- ★ 16 Minz-Schokoladentäfelchen

AUßERDEM

- ★ Backkakao

SO GEHT'S

1. Mehl, Puderzucker, Kakao und ½ TL Salz in eine große Schüssel sieben. Die Butter in Würfel schneiden und in die Mischung reiben, sodass feine Krümel entstehen. Eigelbe und 2 EL eiskaltes Wasser hinzufügen und alles schnell zu einem weichen Teig verkneten. Den Teig in Backpapier wickeln und für mindestens 1 Stunde kalt stellen.

2. Die Backform einfetten. Den Teig zwischen zwei Lagen Backpapier 3 mm dick ausrollen und in die Backform drücken, sodass Boden und Seiten gut bedeckt sind. Überstehenden Teig abschneiden. Abdecken und 1 weitere Stunde kalt stellen.

3. Den Backofen auf 190 °C Ober-/Unterhitze (170 °C Umluft) vorheizen. Den Boden mit einer Gabel einstechen, mit Backpapier bedecken und mit Backbohnen füllen. 20 Minuten blindbacken, dann ohne Backbohnen und Papier weitere 15–20 Minuten backen, bis sich der Boden mürbe anfühlt. Abkühlen lassen.

4. Für die Ganache die weiße Schokolade mit der Crème double über dem Wasserbad schmelzen. Gut umrühren, bis sich die Schokolade aufgelöst hat. Dann vom Herd nehmen und das Pfefferminzextrakt unterrühren. Die Ganache 15 Minuten abkühlen lassen, dann auf den Teigboden gießen. 1 Stunde kalt stellen.

5. Für die Glasur Schokolade, Crème double und Zucker über dem Wasserbad schmelzen, bis Schokolade und Zucker sich aufgelöst haben. 15 Minuten abkühlen lassen, dann über die Ganache gießen. Die Schokotäfelchen darüberlegen und 4 Stunden lang kalt stellen.

6. Vor dem Servieren die Torte vorsichtig aus der Form nehmen und mit Kakao bestäuben.

Britischer WEIHNACHTSKUCHEN

Zutaten

für 1 Springform (Ø 23 cm)

- 300 g Mehl
- 2 TL Backpulver
- Salz
- ½ TL Lebkuchengewürz
- ½ TL gemahlener Zimt
- ½ TL frisch gemahlene Muskatnuss
- 500 g Korinthen
- 450 g Rosinen (alternativ Sultaninen)
- 100 g Zitronat
- 100 g kandierte Kirschen
- 300 g Butter
- 300 g Rohrzucker
- abgeriebene Schale von ½ Bio-Zitrone
- 6 Eier (Größe L)
- Brandy (alternativ Orangensaft)

SO GEHT'S

1. Mehl mit Backpulver, 1 Prise Salz und den Gewürzen vermischen. Korinthen, Rosinen, Zitronat und Kirschen dazugeben

2. Die Butter schaumig schlagen, Zucker und Zitronenschale unterrühren. Die Eier kurz verquirlen und mit dem Handrührgerät nach und nach auf hoher Stufe in die Buttermischung rühren.

3. Die Mehl-Frucht-Mischung portionsweise unter die Butter-Ei-Mischung heben. Nach Wunsch 2 EL Brandy hinzugeben.

4. Den Backofen auf 150 °C Ober-/Unterhitze (130 °C Umluft) vorheizen. Die Backform von innen und außen vollständig in zwei Lagen Backpapier einwickeln, damit der Kuchen bei der langen Backzeit nicht von außen anbrennt. Teig in die Form füllen, an der Oberseite glatt streichen und in der Mitte eine leichte Kuhle eindrücken. Die Form auf ein doppellagig mit Backpapier ausgelegtes Backblech setzen und im heißen Ofen (unten) 4 ½ Stunden backen. Wenn er zu schnell dunkel wird, nach halber Backzeit mit einer doppelten Lage Backpapier bedecken. Mit der Stäbchenprobe testen.

5. Den Kuchen in der Form auf einem Gitter mindestens 1 Stunde auskühlen lassen, dann aus der Form nehmen und weiter abkühlen lassen.

6. Mit einer Gabel oder einem Zahnstocher Löcher in die Oberfläche stechen und mit 2–3 EL Brandy oder Orangensaft begießen. Den Kuchen 2 Wochen lang ihn in einer luftdichten Dose aufbewahren und täglich mit Brandy tränken, bis er an Weihnachten serviert wird.

Klein, aber OHO!

Seite
64
GLASIERTE
EIERLIKÖR-DONUTS

Seite
66
ZIMT-BROWNIES

Seite
72
ZITRONEN-MOHN-
SCHNITTCHEN

Seite
76
TANNENBAUM-CUPCAKES

Adventszeit ist Schlemmerzeit. Wer nascht nicht gerne zwischendurch eine süße Kleinigkeit? Es muss ja nicht gleich ein ganzer Kuchen sein. Gerade Kleingebäck ist für die Vorweihnachtszeit ideal. Cupcakes, Donuts und Brownies sind da natürlich sehr beliebt. Kein Wunder, sie schmecken einfach köstlich.

Die kleinen Leckereien sind schnell gebacken und lassen sich wunderschön dekorieren – denn auch das Auge isst mit. Mir persönlich macht das Dekorieren der fertig gebackenen Küchlein wahnsinnig viel Spaß. Dabei kann ich meiner Kreativität freien Lauf lassen.

Mit diesen Mini-Rezepten zauberst du schnell und einfach beeindruckende Leckereien. Versetze deine Nachbarn und Freunde in Erstaunen, wenn sie dich besuchen und solch wunderschöne Kleinigkeiten serviert bekommen. Glaube mir, sie werden begeistert sein!

Mini MINCE PIES

Zutaten

für 24 Stück

FÜR DEN TEIG

- ★ 250 g Butter, plus etwas mehr für das Blech
- ★ 100 g Zucker
- ★ 1 TL Vanilleextrakt
- ★ 250 g Mehl
- ★ 150 g Grieß
- ★ 1 ½ TL gemahlener Zimt

FÜR DIE FÜLLUNG

- ★ 350 g Mincemeat (siehe Tipp)

AUßERDEM

- ★ kleines Stern-Ausstechförmchen
- ★ Mini-Muffinblech
- ★ 24 Mini-Muffinförmchen aus Papier
- ★ Puderzucker

SO GEHT'S

1. Butter mit Zucker und Vanilleextrakt schaumig schlagen. Mehl, Grieß und Zimt hinzufügen und alles schnell glatt schlagen, dabei 1 EL kaltes Wasser hinzugeben.

2. Auf einer bemehlten Arbeitsfläche den Teig mit den Händen kneten. Ein Drittel abteilen und beide Teigstücke, in Frischhaltefolie eingewickelt, 15 Minuten kalt stellen.

3. Den Backofen auf 200 °C Ober-/Unterhitze (180 °C Umluft) vorheizen. Das kleine Stück Teig auf Backpapier 3 mm dick ausrollen. Mit dem Ausstechförmchen Sterne für die Dekoration ausstechen. Die Sterne auf einem mit Backpapier ausgelegten Blech 10 Minuten kalt stellen, dann im heißen Ofen (Mitte) 5 Minuten backen, sodass sie noch hell sind.

4. Den restlichen Teig auf Backpapier ausrollen und in 24 Stücke teilen. Das Muffinblech einfetten und die Teigstücke hineindrücken. Den überstehenden Rand abschneiden und für 15 Minuten kalt stellen.

5. Die Ofentemperatur auf 190 °C (170 °C Umluft) reduzieren und ein Backblech im Ofen erwärmen. In jede Törtchenform ein Papierbackförmchen auf den Teig setzen und mit Backbohnen füllen. Das Muffinblech auf das warme Backblech stellen und 10 Minuten blindbacken.

6. Die Papierbackförmchen mit den Backbohnen entfernen und die Törtchen mit Mincemeat füllen. Mit den gebackenen Sternen bedecken und weitere 5 Minuten backen. Zum Schluss mit Puderzucker bestäuben.

In deinem Supermarkt
gibt es kein Mincemeat?
Auf Seite 15 verrate ich dir,
wir du es selbst zubereitest.

Weihnachts-KÜCHLEIN

Zutaten

für 6–8 Stück

FÜR DEN TEIG

- 110 g getrocknete Aprikosen
- 110 g getrocknete Datteln
- 150 g Rosinen
- 150 g Sultaninen
- 75 g Orangeat, 75 g Zitronat
- 60 g Kokosraspel
- 180 g Vollkornmehl
- 3 TL Backpulver
- 2 TL Lebkuchengewürz
- 2 EL Orangensaft
- Whisky (nach Belieben)
- 1 EL geschrotete Leinsamen

FÜR DIE GLASUR

- 200 g Puderzucker
- 2 EL Zitronensaft

AUßERDEM

- 6–8 kleine Tortenringe (Ø 6 cm, mind. 5 cm hoch)
- Butter für die Formen
- Trockenobst oder Schokoladenblätter zum Verzieren (nach Belieben)

SO GEHT'S

1. Aprikosen und Datteln klein hacken. Alle Früchte mit den Kokosraspeln in eine Schüssel geben und mit 300 ml heißem Wasser übergießen. Mindestens 6 Stunden einweichen lassen.

2. Den Backofen auf 170 °C Ober-/Unterhitze (150 °C Umluft) vorheizen. Die Tortenringe einfetten und auf ein mit Backpapier ausgelegtes Backblech setzen.

3. Mehl, Backpulver und Lebkuchengewürz in eine Schüssel sieben. Die eingeweichten Früchte, Orangensaft und nach Belieben einen Schuss Whisky hinzugeben. Leinsamen mit 3 EL warmem Wasser verrühren und hinzufügen. Alles mit den Händen verkneten.

4. Die Mischung in die vorbereiteten Formen geben und im heißen Ofen (Mitte) 40 Minuten backen. Nach 30 Minuten mit Backpapier abdecken, damit die Küchlein nicht anbrennen oder austrocknen. Mit der Stäbchenprobe prüfen.

5. Nach kurzem Abkühlen die Küchlein aus der Form nehmen und, mit Backpapier abgedeckt, weiter auskühlen lassen.

6. Für die Glasur Puderzucker mit Zitronensaft und 1 EL heißem Wasser verquirlen, bis die Masse zähflüssig ist. Die Glasur auf den Törtchen verteilen. Nach Belieben mit Trockenobst oder einem Schokoblatt verzieren.

ROSS' TIPP

Wenn du keine Tortenringe hast, kannst du den Teig auch in ein gefettetes Muffinblech für 12 Muffins füllen.

Glasierte Eierlikör-Donuts

Zutaten

für 6 Stück

FÜR DEN TEIG

- ★ 130 g Mehl
- ★ ½ TL Backpulver
- ★ ¼ TL frisch geriebene Muskatnuss
- ★ Salz
- ★ 150 ml Eierlikör
- ★ 1 Ei (Größe L)
- ★ 3 EL Sonnenblumenöl
- ★ 80 g Zucker
- ★ 1 TL Vanilleextrakt

FÜR DIE GLASUR

- ★ 120 g Puderzucker
- ★ 2 EL Eierlikör
- ★ ½ TL Vanilleextrakt
- ★ frisch geriebene Muskatnuss
- ★ Milch oder Sahne (bei Bedarf)

AUßERDEM

- ★ Donut-Blech mit 6 Mulden
- ★ Zuckerstreusel zum Dekorieren

SO GEHT'S

1. Mehl, Backpulver, Muskat und ¼ TL Salz in einer Schüssel verrühren.

2. In einer anderen Schüssel Eierlikör, Ei, Sonnenblumenöl, Zucker und Vanilleextrakt vermengen. Die Mehlmischung löffelweise hinzufügen und gut unterschlagen. Der Teig sollte dickflüssig sein.

3. Den Backofen auf 190 °C Ober-/Unterhitze (170 °C Umluft) vorheizen. Das Donut-Blech einfetten und den Teig hineingeben. Die Mulden sollten jeweils zu zwei Dritteln gefüllt sein. Die Donuts ca. 10 Minuten im heißen Ofen (Mitte) backen, dann abkühlen lassen.

4. Für die Glasur den Puderzucker in eine Schüssel sieben. Eierlikör, Vanille und 1 Prise Muskatnuss hinzufügen und gut verquirlen, bis sich eine glatte, dickflüssige Masse ergibt. Wird die Glasur zu fest, etwas Milch oder Sahne hinzufügen.

5. Die Donuts aus der Form nehmen, mit der Oberseite in die Glasur stippen und mit Streuseln bestreuen. Danach auf einem Gitterrost trocknen lassen.

ROSS' TIPP

Wenn du kein Donut-Blech besitzt, kannst du den Teig mit einem Spritzbeutel zu Kringeln auf ein mit Backpapier ausgelegtes Blech spritzen.

Zimt-BROWNIES

Zutaten

für 1 Brownie-Form (20 x 40 cm)

FÜR DEN TEIG

- ★ 70 g Zartbitterschokolade
- ★ 100 g Butter
- ★ 3 Eier
- ★ 320 g Zucker
- ★ 2 TL Vanilleextrakt
- ★ 120 g Mehl
- ★ ¼ TL Backpulver
- ★ 30 g Backkakao
- ★ 2 TL gemahlener Zimt
- ★ ½ TL frisch geriebene Muskatnuss

FÜR DIE DEKORATION

- ★ 1 EL Puderzucker
- ★ Zuckerstreusel

SO GEHT'S

1. Die Schokolade mit der Butter über dem Wasserbad schmelzen.

2. Eier, Zucker und Vanille vermengen, bis eine dicke Masse entsteht. Mehl, Backpulver, Kakao und Gewürze vermischen und löffelweise unterrühren. Schokobutter hinzugeben und alles gut verrühren.

3. Den Backofen auf 180 °C Ober-/Unterhitze (160 °C Umluft) vorheizen. Die Brownie-Backform (alternativ eine eckige Springform) einfetten. Den Teig in die Form geben und ca. 20 Minuten im heißen Ofen (Mitte) backen, bis er aufgegangen und an der Oberfläche fest ist.

4. Abkühlen lassen und in kleine Rechtecke schneiden. Mit Puderzucker und Streuseln dekorieren.

Mein Weihnachten als Kind

Unser Weihnachtsfest begann mit der Mitternachtsmesse am 23.12. Das war für uns Kinder ein Erlebnis, weil wir so lange aufbleiben durften. Wenn wir anschließend nach Hause kamen, gab es noch Tee und Kuchen, ehe wir müde in die Betten fielen.

Eine typisch britische Tradition sind „Stockings“: große, bunte Socken, die am 24.12. vor dem Kamin aufgehängt werden. Dazu stellen die Kinder Whisky und Mince Pies für den Weihnachtsmann und Karotten und Milch für die Rentiere auf den Kaminsims. In der Nacht kommt dann Santa Claus durch den Schornstein und füllt die Stockings mit Geschenken.

ICH MIT NEUEM SPIELZEUG, DAS ICH ZU WEIHNACHTEN BEKOMMEN HABE. ICH HABE DAS FEST AUCH BESONDERS GELIEBT, WEIL ES DIE EINZIGE ZEIT IM JAHR WAR, ZU DER ICH DEN GANZEN TAG MEINEN SCHLAFANZUG ANBEHALTEN DURFTE.

Wenn meine Schwester und ich am ersten Weihnachtstag morgens aufwachten, fanden wir die großen roten Stockings mit kleinen Geschenken gefüllt vor. Bis unsere Eltern ausgeschlafen hatten, konnten wir uns mit den neuen Spielsachen vergnügen.

Sobald unsere Eltern aufgestanden waren, mussten wir ins Bad und dann gab es erst einmal Frühstück.

Danach ging es mit den Hunden hinaus. Ich liebte diese ausgedehnten Spaziergänge, besonders wenn es geschneit hatte und alles von einer weißen Pulverschicht überzogen war. Unser Jack-Russel-Terrier Bramble und Omas Dackel Marcus tobten durch den Schnee, und Marcus' lange Ohren schlackerten wie verrückt herum.

Zum Mittagessen gab es besonders leckere Gerichte mit mehreren Gängen und zum Abschluss Mince Pies. Wir haben geschlemmt, bis unsere Bäuche platzten.

Am Nachmittag wurden die restlichen Geschenke unter dem Weihnachtsbaum ausgepackt. Natürlich haben wir Kinder gleich mit unseren neuen Schätzen gespielt.

Auch unsere Hunde bekamen ihre Weihnachtsgeschenke: einen großen Knochen und ein neues Spielzeug.

Abends spielten wir mit der ganzen Familie zusammen Brett- und Kartenspiele wie Monopoly, Trivial Pursuit und Uno. Mein Lieblingsspiel war Mouse Trap. Dabei wurde auf dem Spielfeld eine gigantische Mausefalle aufgebaut, und die Spieler mussten aufpassen, dass ihre Maus-Spielfigur nicht gefangen wurde. Ich war immer sehr bemüht, die Maus meiner Schwester in die Falle zu locken.

MEIN PAPA HAT SICH GERNE ALS SANTA CLAUS VERKLEIDET. ICH WIEDERUM HABE VERSUCHT, MICH IMMER WIE MEIN PAPA ZU VERKLEIDEN. HIER MIT SEINEM ARBEITSHELM.

ÜBER DIE WEIHNACHTSZEIT WAREN MEINE ELTERN GERN GASTGEBER FÜR GROßE PARTYS, DANN HABEN WIR UNS ALLE RICHTIG HERAUSGEPUTZT. HIER EIN BILD VON EINER DAVON – SEHEN SIE NICHT EINFACH TOLL AUS?

Der beschwipste Santa Claus

Als ich noch sehr klein war, verkleidete sich mein Vater für uns als Santa Claus. Er zog sich ein Kostüm mit roter Jacke, Zipfelmütze und weißem Bart an und rumpelte nachts im Wohnzimmer herum. Sollten wir Kinder neugierig nachsehen, würden wir nur die rot gekleidete Gestalt sehen und denken, es sei der echte Weihnachtsmann.

Einmal lief der Auftritt jedoch schief: Mein Vater trank zu viel von dem Whisky, den wir für Santa auf den Kaminsims hingestellt hatten. Als wir Kinder morgens früh ins Wohnzimmer schlichen, staunten wir nicht schlecht, dass Santa Claus im Sessel seinen Rausch ausschlief. Wir traten zögerlich an ihn heran, und siehe da: Es war gar nicht Santa Claus, sondern unser Vater im Weihnachtsmannkostüm, der laut schnarchte.

Meinem Vater war es furchtbar peinlich, dass wir ihn erwischt hatten. Er versuchte, sich mit einer verworrenen Geschichte herauszureden. Er habe Santa Claus nur unterstützen wollen … Aber es half nichts: Mein Glaube an den Weihnachtsmann war stark erschüttert.

Zitronen-Mohn-Schnittchen

Zutaten

für 16 Stück bzw. 1 Backblech (40 x 30 cm, mit hohem Rand)

FÜR DEN TEIG

- ★ 1 Bio-Zitrone
- ★ 170 g Butter
- ★ 170 g Zucker
- ★ 3 Eier
- ★ 170 g Mehl
- ★ 1 TL Backpulver
- ★ 30 g Mohn

FÜR DIE GLASUR

- ★ 50 g Butter
- ★ 2 EL Zitronensaft
- ★ 200 g Puderzucker

AUßERDEM

- ★ 2 EL Mohn

SO GEHT'S

1. Die Zitrone heiß waschen, abtrocknen, die Schale fein abreiben und den Saft auspressen. Den Backofen auf 190 °C Ober-/Unterhitze (170 °C Umluft) vorheizen. Das Backblech einfetten.

2. Für den Teig die Butter schaumig schlagen. Zucker und Zitronenschale hinzugeben. Die Eier einzeln hinzufügen und gut unterrühren. Mehl mit Backpulver vermischen und löffelweise unterarbeiten. Dann 2 EL Zitronensaft hinzugeben und cremig rühren. Zum Schluss den Mohn untermischen.

3. Teig auf das Blech geben, die Oberfläche glatt streichen und im heißen Ofen (Mitte) 30 Minuten backen.

4. Für die Glasur die Butter in einem Topf schmelzen, Zitronensaft hinzufügen und vom Herd nehmen. Puderzucker unterrühren, bis eine glatte Masse entsteht.

5. Glasur auf dem Kuchen verteilen und mit Mohn bestreuen. 30 Minuten kalt stellen, bis die Glasur fest ist, danach in Rechtecke schneiden.

Crazy KOKOS-CUPCAKES

Zutaten

für 6–8 Stück

FÜR DEN TEIG

- 250 g Mehl
- 1 TL Backpulver
- Salz
- 150 g Kokosöl
- 200 g Zucker
- 3 Eier (Größe L)
- 1 TL Vanilleextrakt
- 100 g Kokosraspel
- 200 ml Buttermilch

ZUM BESTREUEN

- 100 g Kokosflocken oder -raspel

FÜR DIE GLASUR

- 50 g Kokosöl
- 400 g Puderzucker
- 1 TL Vanilleextrakt
- 4 EL Mandeldrink (alternativ Kokosdrink)

AUßERDEM

- Muffinblech
- 12 Papier-Muffinförmchen

SO GEHT'S

1. Mehl, Backpulver und ¼ TL Salz in eine Schüssel sieben.

2. Kokosöl in einem Topf bei mittlerer Hitze schmelzen und den Zucker unterrühren. Die Eier einzeln hineingeben und mit einem Schneebesen gut verquirlen. Dann Vanille und Kokosraspel unterrühren. Die Mehlmischung und die Buttermilch löffelweise abwechselnd hinzugeben und gut verrühren.

3. Den Backofen auf 180° C Ober-/Unterhitze (160° C Umluft) vorheizen. Ein Muffinblech einfetten oder mit passenden Papierförmchen bestücken. Den Teig hineinfüllen und 15–20 Minuten im heißen Ofen (Mitte) goldbraun backen. Danach auf einem Gitter auskühlen lassen.

4. Die zum Bestreuen gedachten Kokosraspel gleichmäßig auf ein mit Backpapier ausgelegtes Blech streuen und bei 160 °C (140 °C Umluft) 10 Minuten leicht bräunen.

5. In der Zwischenzeit die Glasur vorbereiten. Das Kokosöl im Topf verflüssigen. 100 g Puderzucker, Vanille und 2 EL Mandeldrink hinzugeben und glatt rühren. Den restlichen Puderzucker und den restlichen Mandeldrink abwechselnd löffelweise hinzugeben, dabei stetig rühren.

6. Die Cupcakes mit Glasur überziehen und mit den gerösteten Kokosraspeln bestreuen.

Tannenbaum-CUPCAKES

Zutaten

für 12 Stück

FÜR DEN TEIG

- 100 g Butter, 200 g Zucker
- 2 TL Vanilleextrakt
- 3 Eier (Größe L)
- 200 g Mehl, 2 TL Backpulver
- 140 g Mincemeat (siehe S. 15)
- ½ TL Lebkuchengewürz
- ½ TL frisch geriebene Muskatnuss
- 1 TL Brandy (nach Belieben)

FÜR DIE CREME

- 100 g Butter
- 230 g Puderzucker
- 300 g Doppelrahm-Frischkäse
- dunkelgrüne Lebensmittelfarbe

FÜR DIE DEKO

- bunte Zuckerperlen
- essbarer Glitter

AUßERDEM

- Muffinblech
- 12 Papier-Muffinförmchen
- Spritzbeutel mit Sterntülle

SO GEHT'S

1. Die Butter schaumig schlagen. Zucker und Vanille unterrühren. Die Eier nach und nach hinzugeben und jeweils gut unterarbeiten.

2. Mehl mit Backpulver mischen und löffelweise in den Teig rühren. Zum Schluss Mincemeat, Gewürze und nach Wunsch Brandy hinzufügen und alles gut verrühren.

3. Den Backofen auf 180 °C Ober-/Unterhitze (160 °C Umluft) vorheizen. Die Muffinförmchen in das Blech setzen und diese jeweils zu zwei Dritteln mit Teig füllen. Im heißen Ofen (Mitte) 20 Minuten backen, bis die Muffins goldbraun und gut aufgegangen sind. Anschließend auf einem Rost auskühlen lassen.

4. Für den Tannenbaum die Butter schaumig schlagen. Den Puderzucker nach und nach unterrühren. Den Frischkäse unterheben und rühren, bis die Creme fluffig ist. Mit Lebensmittelfarbe grün färben.

5. Die Creme in einen Spritzbeutel füllen und kleine Tannenbäume auf die Muffins spritzen. Mit Zuckerperlen und Glitter dekorieren. Für 1 Stunde kalt stellen, bis die Creme fest ist.

Tannenbaum-CAKESICLES

Zutaten

für 8 Stück

FÜR DEN TEIG

- 100 g Butter
- 100 g Zucker
- 1 TL Vanilleextrakt
- 2 Eier
- 100 g Mehl
- 1 TL Backpulver
- 3 TL Backkakao
- 3 EL Milch

FÜR DIE DEKORATION

- 8 Eisstiele
- 300 g Puderzucker
- grüne Lebensmittelfarbe
- Spritzbeutel
- Dekostreusel

SO GEHT'S

1. Butter mit Zucker und Vanille schaumig schlagen. Die Eier einzeln hinzufügen und unterrühren. Mehl, Backpulver und Kakao mischen, daraufsieben und unterrühren. Milch hinzugeben und alles zu einem glatten Teig verarbeiten.

2. Den Backofen auf 180 °C Ober-/Unterhitze (160 °C Umluft) vorheizen. Eine Springform (Ø 20 cm) einfetten. Den Teig in die Form füllen und glatt streichen. Im heißen Ofen (Mitte) 20 Minuten backen. Mit der Stäbchenprobe testen.

3. Den Kuchen abkühlen lassen, aus der Form nehmen und in 8 gleich große Teile schneiden. Einen Eisstiel zu zwei Dritteln in die Mitte der abgerundeten Seite stecken.

4. Puderzucker mit Lebensmittelfarbe und einigen EL Wasser zu einer Glasur verrühren, die leicht steif ist. Mit einem Spritzbeutel ein Zickzackmuster auf den Kuchen spritzen. Mit Dekostreuseln verzieren.

Cookies & Co.

Seite
92
WEIHNACHTSKUCHEN-
COOKIES

Seite
100
HIMMLISCHE
LEBKUCHENSTERNE

Seite
108
AMARETTO-PISTAZIEN-
PLÄTZCHEN

Seite
118
KLASSISCHES ENGLISCHES
TOFFEE

Woran denkst du als Erstes,
wenn du „Backen für Weihnachten“ hörst?
Natürlich an Kekse und Plätzchen! Sogar Menschen, die sonst nie selbst backen, packt im Advent das Backfieber. Besonders Kinder sind begeistert dabei, die Plätzchen auszustechen und nach dem Backen zu dekorieren.

Wie wäre es zum Beispiel mal mit traditionellem britischem Shortbread? Ich habe gleich zwei tolle Rezepte dafür – eins zum Vernaschen und eins zum Verschenken. Oder Außergewöhnliches wie Kaffeeküsschen, Feigen-Erdnuss-Rauten und Amaretto-Pistazien-Plätzchen? Und wenn ein Rest Weihnachtskuchen übrig bleibt, backst du daraus einfach leckere Cookies.

Neben Plätzchen findest du hier auch Rezepte für edle Pralinen wie Trüffel in zwei Geschmacksvarianten oder echte englische Toffees. Genau das Richtige für verwöhnte Zuckerschnuten!

Zarte KAFFEEKÜSSCHEN

Zutaten

für ca. 40 Stück

FÜR DEN TEIG

- 170 g Mehl
- 1 TL Backpulver
- Salz
- 90 g Butter (alternativ Margarine)
- 60 g Zucker
- 1 Eigelb
- 1 TL Kaffeearoma

FÜR DIE GLASUR

- 110 g Butter
- 170 g Puderzucker
- 2 TL Kaffeearoma

FÜR DIE DEKORATION

- 40 Schoko-Kaffeebohnen

SO GEHT'S

1. Mehl mit Backpulver und 1 Prise Salz mischen und in eine Schüssel sieben. Die Butter unterkneten. Den Zucker hinzufügen und alles gut mit den Händen verkneten. Eigelb und Kaffeearoma hinzugeben. Alles zu einer festen Paste verarbeiten. Wenn nötig, etwas Wasser hinzufügen.

2. Den Backofen auf 180 °C Ober-/Unterhitze (160 °C Umluft) vorheizen. Die Paste zu kleinen Bällchen formen und mit etwas Abstand auf ein gut gefettetes Backblech setzen. Im heißen Ofen (Mitte) 12 Minuten backen.

3. In der Zwischenzeit die Glasur vorbereiten: Die Butter in einem Topf bei mittlerer Hitze schmelzen. Puderzucker und Kaffeearoma einrühren.

4. Die gebackenen Bällchen leicht abkühlen lassen und mit der Glasur überziehen und mit den Schoko-Kaffeebohnen dekorieren. Bis zum Servieren kalt stellen.

Vánoční Cukroví

TSCHECHISCHE PLÄTZCHEN

Zutaten

für 30 Stück

FÜR DEN TEIG

- 280 g Butter
- 150 g Zucker
- 2 Eier (Größe L)
- 1 TL Vanilleextrakt
- 500 g Mehl
- 1 Pck. Backpulver

AUßERDEM

- Konfitüre
- Puderzucker
- Ausstechförmchen

SO GEHT'S

1. Die Butter mit dem Zucker schaumig schlagen. Eier und Vanille hinzugeben und untermischen. Mehl mit Backpulver mischen und löffelweise unterrühren. Alles zu einem glatten Teig verarbeiten.

2. Den Teig zwischen zwei Lagen Backpapier 5 mm dick ausrollen. Oberes Backpapier entfernen und mit Ausstechförmchen Plätzchen ausstechen. Jeweils zwei gleiche Formen für ein Plätzchen ausstechen; in eins davon wird in der Mitte mit einem kleineren Förmchen ein Loch gestanzt, sodass es einen Rahmen ergibt. Plätzchen auf ein mit Backpapier ausgelegtes Backblech setzen.

3. Den Backofen auf 180 °C Ober-/Unterhitze (160 °C Umluft) vorheizen. Die Plätzchen im heißen Ofen (Mitte) 8–10 Minuten backen, bis sie durchgebacken, aber noch hell sind.

4. Die gelochten Plätzchen mit Puderzucker bestreuen. Die ganzen Plätzchen mit Konfitüre bestreichen. Beide Hälften zusammensetzen, sodass die Puderzuckerseite oben ist und die Konfitüre durch das Loch durchscheint. Im Kühlschrank 20 Minuten erkalten lassen.

Klassisches SHORTBREAD

Zutaten

für 1 Blech

- 250 g Butter
- 100 g Zucker
- 300 g Mehl
- 50 g Speisestärke

SO GEHT'S

1. Die Butter mit dem Handrührgerät schaumig schlagen. Den Zucker hineinrieseln lassen und weiterrühren. Mehl mit Speisestärke mischen und löffelweise unterrühren.

2. Den Backofen auf 200 °C Ober-/Unterhitze (180 °C Umluft) vorheizen. Ein Backblech mit Backpapier auslegen und den Teig gleichmäßig darauf verteilen. Im heißen Ofen (Mitte) ca. 30 Minuten backen.

3. Nach dem Backen in gleichmäßige Rechtecke schneiden und auskühlen lassen. Bis zum Verzehr in einer Keksdose aufbewahren.

ROSS' TIPP

Dieses Rezept stammt aus Tschechien. Dort hat das Plätzchenbacken Tradition. Je nach Region werden zu Weihnachten sieben, neun oder zwölf verschiedene Sorten gebacken.

Shortbread ist ein typisch englisches Gebäck. Es gehört traditionell zum Nachmittagstee. Ich habe gleich zwei Rezepte dafür: das klassische Shortbread und als lustige Weihnachtsvariante das Rudolph-Shortbread. Die witzige Rentier-Version kannst du, einzeln verpackt, als Dekoration verwenden oder verschenken.

Rentier-
SHORTBREAD

Zutaten

für 8 Stück

FÜR DEN TEIG

- 200 g Butter
- 80 g Zucker
- 2 TL Vanilleextrakt
- 80 g Reismehl (alternativ Speisestärke)
- 230 g Mehl

FÜR DIE DEKORATION

- 3 EL Puderzucker
- 8 rote Schoko-Drops
- 16 weiße Schoko-Drops
- schwarzer Lebensmittelfarbstift

AUßERDEM (NACH BELIEBEN)

- 8 kleine Folienbeutel (15 x 25 cm)
- 8 braune Pfeifenreiniger

SO GEHT'S

1. Butter mit Zucker und Vanille aufschlagen. Erst das Reismehl, danach das Mehl untermischen. Mit den Händen gut verkneten und zu einer Kugel formen.

2. Ein Backblech mit Backpapier auslegen. Die Teigkugel auf das Blech setzen, platt drücken und mit einem Nudelholz zu einer runden, flachen Form ausrollen. Einen ca. 22 cm großen Teller als Schablone darauflegen und überstehenden Teig abschneiden. Den Rand rundherum mit einer Gabel etwas eindrücken, um das Fell anzudeuten. Mit einem Messer die Schnittkanten für 8 gleich große „Kuchenstücke" markieren. Das Shortbread für 30 Minuten kalt stellen.

3. Den Backofen auf 180 °C Ober-/Unterhitze (160 °C Umluft) vorheizen. Das kalte Shortbread im heißen Ofen (Mitte) 25 Minuten goldgelb backen. Abkühlen lassen, dann an den Schnittkanten mit einem scharfen Messer auseinanderschneiden.

4. Puderzucker mit 1–2 TL Wasser zu einer Glasur verrühren, die als Kleber verwendet wird. Einen roten Drop mit der Glasur an die Spitze eines Teils kleben; das ist die Nase. Zwei weiße Drops etwa 2 cm vom runden Rand entfernt als Augen nebeneinanderkleben. Mit einem Lebensmittelfarbstift die Pupillen auf die Augen-Drops malen. Zum Erkalten des Glasurklebers kalt stellen.

5. Möchtest du die Rentier-Shortbreads verschenken, stecke je ein Shortbread mit der Spitze nach unten in einen Folienbeutel. Mit einem mittig gefalteten Pfeifenreiniger verschließt du den Beutel. Dann biegst du den Pfeifenreiniger zu einem Geweih.

Weihnachtskuchen-COOKIES

Zutaten

für 18 Stück

FÜR DEN TEIG

- 350 g Mehl
- 2 TL Backpulver
- 1 TL Natron
- abgeriebene Schale von 1 Bio-Orange
- 200 g Zucker
- 2 TL gemahlener Zimt
- 175 g Butter
- 3 EL Ahornsirup
- 100 g Weihnachtskuchen (z. B. S. 54)

FÜR DIE DEKORATION

- 150 g weiße Schokolade
- 18 Schokoladenblätter

SO GEHT'S

1. Mehl, Backpulver und Natron vermischen und in eine Schüssel sieben. Orangenschale, Zucker und Zimt hinzugeben.

2. Butter und Sirup in einem Topf schmelzen. Den Kuchen zerbröseln und unterrühren. Diese Mischung in die Mehlmischung gießen und zu einem krümeligen Teig verrühren. Den Teig mit den Händen kneten.

3. Den Backofen auf 180 °C Ober-/Unterhitze (160 °C Umluft) vorheizen. Zwei Backbleche mit Backpapier auslegen. Den Teig in 18 Stücke teilen und zu Kugeln formen. Die Kugeln mit etwas Abstand auf die Backbleche setzen und leicht flach drücken. Im heißen Ofen (Mitte) 10–12 Minuten backen, danach 5 Minuten abkühlen lassen.

4. Die weiße Schokolade über dem Wasserbad schmelzen. Die flüssige Schokolade mit einem Löffel jeweils auf einer Hälfte der Cookies verteilen und mit einem Schokoladenblatt dekorieren.

ROSS' TIPP

Dieses Rezept eignet sich hervorragend, um Reste vom Weihnachtskuchen oder einer Weihnachtstorte weiterzuverarbeiten.

Schoko-KOKOS-MAKRONEN

Zutaten

für 36 Stück

- 100 g Zartbitterschokolade
- 1 Dose gezuckerte Kondensmilch (400 g)
- Salz
- 230 g Kokosraspel
- 1 TL Vanilleextrakt

SO GEHT'S

1. Den Backofen auf 180 °C Ober-/Unterhitze (160 °C Umluft) vorheizen und zwei Backbleche mit Backpapier auslegen.

2. Schokolade in Stücke brechen und mit der Kondensmilch und ¼ TL Salz in einem Topf bei geringer Hitze erwärmen. Gelegentlich umrühren, bis die Schokolade geschmolzen ist.

3. Vom Herd nehmen, Kokosraspel und Vanilleextrakt hinzugeben und gut verrühren.

4. Mit einem Löffel kleine Häufchen auf die vorbereiteten Backbleche setzen. Dabei etwa 2 cm Platz zwischen den Häufchen lassen. Im heißen Ofen (Mitte) 10–12 Minuten backen. Auf einem Gitter auskühlen lassen.

Kindheitserinnerungen

FAMILIENFEIER

Die Familie hatte – und hat immer noch – einen hohen Stellenwert bei uns. An einem Weihnachten trafen wir uns mit unseren Verwandten in einem kleinen Ferienhäuschen am Strand. Dort verbrachten wir eine Woche zusammen, genossen die Strandspaziergänge mit den Hunden und die Gesellschaft lieber Menschen.

Meine Oma kam in ihrem kleinen Auto angefahren und bat uns Kinder, ihr beim Ausladen zu helfen. Wir staunten nicht schlecht, als wir sahen, was sie alles mitgebracht hatte: Kuchen und Cookies, Behälter voller Suppen, Gemüse und Beilagen, Roastbeef und Pastete – und natürlich Mince Pies zum Nachtisch. Sie hatte für die ganze Feier vorgekocht! Sogar das gute Besteck hatte sie eingepackt. Der riesige Holztisch wurde festlich geschmückt, mit kunstvoll gefalteten Servietten, Kerzen und selbst gefertigter Weihnachtsdekoration. Oma hatte wirklich an alles gedacht, um dem Fest eine individuelle Note zu verleihen.

MINCE PIES AUF DER COCKTAILPARTY

Im Advent veranstalteten meine Eltern gerne eine Party mit selbst kreierten Cocktails. Sie bauten die Flaschen dekorativ am Barschrank auf, wo mein Vater den Gästen ihre Drinks mixte.

Es kamen etwa 20 Paare, alle in schicker Abendgarderobe. Die Herren im Smoking, die Damen in so wundervollen Abendkleidern, dass ich mir wie auf einem Märchenball vorkam. Aus der Musikanlage klang dezent Musik der 50er und 60er Jahre: Frank Sinatra, Ella Fitzgerald, Bing Crosby ...

Die Erwachsenen unterhielten sich prächtig, und ich war glücklich, dass ich für eine Stunde dabei sein konnte. Ich saß im Pyjama am Kamin und durfte fernsehen – ohne Ton natürlich. Neben mir lagen im Kamin auf einem Rost die Mince Pies zum Warmwerden. Meine Eltern gingen davon aus, dass sich ihre Gäste selbst bedienen würden. Ein fataler Fehler! Die Erwachsenen vergaßen die Pies. Aber ich aß – einen nach dem anderen – alle Mince Pies auf. Zum Glück dachten meine Eltern, dass die Gäste die Pies gegessen hätten.

EIN BESONDERES WEIHNACHTSWUNDER

Während meiner Kindheit hatte ich eine treue Begleiterin: Bramble, unser Jack-Russel-Terrier. Sie folgte mir überall hin, spielte mit mir und war für mich da, wenn ich traurig war.

Als sie vier Jahre alt war, bin ich in der Vorweihnachtszeit mit ihr spazieren gegangen. Dabei lief sie eifrig voran – direkt vor ein Auto. Es war furchtbar! Ich habe sie schwer verletzt von der Straße auf die Wiese getragen und bin, so schnell wie ich konnte, nach Hause gerannt. Mein Vater ist sofort mit mir zu der Stelle gefahren, hat sie eingeladen und zum Tierarzt gebracht. Der Tierarzt gab ihr nur eine 10%ige Chance zu überleben. Aber wir haben alles versucht, um sie zu retten. Mein Vater hat vor, während und nach der Operation die ganze Zeit über bei ihr gesessen. Er hat mit ihr geredet und sie gestreichelt. Das hat ihr wohl geholfen – sie hat den schweren Unfall überlebt und ist schließlich stolze 17 Jahre alt geworden.

WENN ICH NUR WÜSSTE …

Nach ihrer Hüftoperation zog meine Oma zu uns. Es war wunderschön für mich, dass sie immer für mich da war. Sie war warmherzig und verständnisvoll und hat mir manche Ungezogenheit großmütig verziehen.

Ich bin schon immer sehr neugierig gewesen. Als Kind konnte ich vor Weihnachten kaum schlafen, so aufregend waren die Festtage. Und natürlich wollte ich zu gerne wissen, welche Geschenke ich bekommen würde.

So schlich ich mich einmal nachts um zwei oder drei Uhr nach unten, wo bereits die hübsch verpackten Geschenke unter dem Weihnachtsbaum lagen. Ich nahm ein Päckchen in die Hand. Ob ich wohl das Lego-Schloss bekommen würde, das ich mir so sehr gewünscht hatte? Vorsichtig fummelte ich an der Seite die Verpackung auf, um einen Blick auf den Inhalt zu werfen.

Plötzlich überkam mich das Gefühl, beobachtet zu werden. Ich drehte mich um und sah meine Oma im Türrahmen lehnen. Sie stand einfach da und sah mir zu, wie ich die Geschenke untersuchte. Damals habe ich mich furchtbar geschämt. Aber Oma sagte nur: „Das ist unser kleines Geheimnis." Weder machte sie mir Vorwürfe, noch erzählt sie meinen Eltern davon. Meine Mutter weiß bis heute nichts von meiner Neugier, die mich nachts zu den Geschenken getrieben hat. Und ich hoffe sehr, dass ihr mich nicht verratet.

DER GLÜCKSPENNY IM CHRISTMAS PUDDING

Eine britische Tradition ist das Verstecken von Münzen im traditionellen Christmas Pudding. Dies ist kein Cremedessert, wie man bei dem Wort „Pudding" leicht denkt. Der Christmas Pudding ist eine besondere britische Spezialität, die mit Trockenobst, Nüssen und Brandy gebacken wird. Vor dem Servieren wird der Christmas Pudding flambiert und mit einer Dessertsauce übergossen. Wer eine Münze im Pudding findet, dem bringt sie Glück – zumindest manchmal.

Meine Mutter versteckte jedes Weihnachten Pennys im Christmas Pudding. Dabei ging allerdings einiges schief …

An einem Weihnachtsfest aß ich meinen Pudding so gierig, dass ich aus Versehen einen Penny verschluckt habe. Ob er noch immer in meinem Magen liegt? Jedenfalls hat er mir im Leben viel Glück beschert.

Weniger Glück hatte meine Oma. Sie biss auf den Penny und brach sich dabei ein Stück Zahn aus. So endete der Festtag für sie beim Zahnarzt.

Auch meinen Vater hat es einmal übel erwischt: Er übergoss den Pudding zum Flambieren mit Brandy. Dabei war er sehr großzügig mit dem Brandy. Hätte meine Mutter nicht eingegriffen, hätte er die ganze Flasche über den Pudding geleert. Als er dann den Flambierbrenner darüber hielt, gab es eine Stichflamme, die ihm die Augenbrauen verbrannte. Zu allem Unglück musste er noch unseren Spott ertragen. Aber zum Glück wuchsen seine Augenbrauen bald nach.

Himmlische LEBKUCHENSTERNE

Zutaten

für ca. 100 Stück

FÜR DEN TEIG

* 600 g Mehl
* Salz
* ½ TL Natron
* 1 EL gemahlener Ingwer
* ½ TL gemahlener Zimt
* ½ TL frisch geriebene Muskatnuss
* 200 g Butter
* 200 g Rohrzucker
* 150 g Ahornsirup
* 1 Ei

FÜR DIE DEKORATION

* 1 Eiweiß
* 250 g Puderzucker
* 50 g Schokolade

AUßERDEM

* Stern-Ausstechformen
* Spritzbeutel mit kleiner Lochtülle

SO GEHT'S

1. Mehl, ½ TL Salz, Natron und Gewürze in eine Schüssel sieben.

2. Butter, Zucker und Sirup in einem kleinen Topf schmelzen. Abkühlen lassen und mit der Mehlmischung verrühren. Das Ei unterschlagen und den Teig 30 Minuten kalt stellen.

3. Den Backofen auf 200 °C Ober-/Unterhitze (180 °C Umluft) vorheizen. Den Teig kurz Raumtemperatur annehmen lassen, dann auf einer bemehlten Arbeitsfläche etwa 3 mm dick ausrollen. Mit Ausstechformen Sterne ausstechen und diese auf ein mit Backpapier ausgelegtes Backblech legen. Im heißen Ofen (Mitte) 10 Minuten goldgelb backen, danach auf einem Rost auskühlen lassen.

4. Das Eiweiß mit dem Handrührgerät steif schlagen und Puderzucker untermischen, bis eine dickflüssige Glasur entsteht. Mit einem Spritzbeutel die Hälfte der Sterne damit verzieren.

5. Die Schokolade über dem Wasserbad schmelzen und auf die andere Hälfte der Sterne sprenkeln.

Weiße PFEFFERNÜSSE

Zutaten

für ca. 40 Stück

FÜR DEN TEIG

- 200 g Mehl
- 180 g Zucker
- 1 ½ TL gemahlener Zimt
- ¼ TL gemahlene Nelken
- ¼ TL gemahlener weißer Pfeffer
- ¾ TL Hirschhornsalz
- 1 EL Rum (nach Belieben)
- 2 Eier

FÜR DIE GLASUR

- 80 g Puderzucker
- 2 TL Zitronensaft

SO GEHT'S

1. Mehl, Zucker und Gewürze in einer Schüssel verrühren. In einem Glas das Hirschhornsalz im Rum auflösen (alternativ in Wasser), dann in die Mehlmischung geben. Die Eier hinzufügen und mit einem Holzlöffel gut durchrühren, bis sich ein klebriger Teig bildet.

2. Den Backofen auf 190 °C Ober-/Unterhitze (170 °C Umluft) vorheizen. Mit nassen Händen aus jeweils 1 TL Teig kleine Kugeln formen. Die Kugeln mit 3 cm Abstand zueinander auf ein mit Backpapier ausgelegtes Blech setzen und leicht andrücken. Für 8–10 Minuten im heißen Ofen (Mitte) backen, bis sie fest, aber nicht braun sind.

3. In der Zwischenzeit die Glasur anrühren. Den Puderzucker mit 1 EL Wasser und Zitronensaft verrühren, bis eine glatte Paste entsteht.

4. Die Plätzchen 2–3 Minuten abkühlen lassen und dann auf ein Gitter setzen. Mit Glasur überziehen und auskühlen lassen.

„Mmm" wie MANDELHÖRNCHEN

Zutaten

für ca. 40 Stück

FÜR DEN TEIG

- 175 g Mandelblättchen
- 500 g Marzipan-Rohmasse
- 300 g gemahlene Mandeln
- 200 g Puderzucker
- 3 Eier

FÜR DIE GLASUR

- 200 g Zartbitterschokolade
- 1 TL Kokosöl (alternativ Butter)

SO GEHT'S

1. Drei Backbleche mit Backpapier auslegen. Den Backofen auf 150 °C Ober-/Unterhitze (130 °C Umluft) vorheizen. Die Mandelblättchen auf einen flachen Teller streuen.

2. Das Marzipan raspeln. Mit Mandeln, Puderzucker und Eiern in einer Schüssel verrühren. Mit den Händen zu einem klebrigen Teig kneten.

3. Ein Stück Teig (ca. 25 g) abtrennen und zu einer ungefähr 8 cm langen Wurst formen. Diese in den Mandelblättchen rollen, bis sie vollständig bedeckt ist. Dann zu einem Hörnchen formen und auf ein vorbereitetes Backblech legen. Auf diese Weise den ganzen Teig verarbeiten.

4. Die Hörnchen in im heißen Ofen (Mitte) ca. 18 Minuten goldgelb backen, danach abkühlen lassen.

5. In der Zwischenzeit die Schokolade unter Rühren mit dem Öl über dem Wasserbad schmelzen. Die Enden der Hörnchen in die Schokoglasur tauchen und kalt stellen, bis die Schokolade fest ist.

Feigen-ERDNUSS-RAUTEN

Zutaten

für ca. 40 Stück

FÜR DEN TEIG

- 75 g Butter
- 1 Ei
- 75 g Zucker
- 2 Pck. Vanillezucker
- 3 Tropfen Bittermandelöl
- 200 g Mehl
- 1 TL Backpulver

FÜR DAS TOPPING

- 3 EL Zitronenmarmelade
- 100 g Feigen
- 100 g Butter
- 80 g Zucker
- 3 EL Sahne
- 100 g gemahlene Erdnusskerne
- 100 g gehackte Erdnusskerne

FÜR DIE GLASUR

- 200 g Zartbitterkuvertüre

SO GEHT'S

1. Butter und Ei zusammen schaumig schlagen. Zucker, Vanillezucker und Bittermandelöl hinzugeben. Mehl mit Backpulver mischen und löffelweise hinzufügen. Alles gut verkneten.

2. Den Teig in eine gefettete Backform (ca. 30 x 25 cm) geben und glatt streichen. Mit Zitronenmarmelade bestreichen. Die Feigen putzen, in kleine Stücke schneiden und darüberstreuen.

3. Butter in einem Topf schmelzen. Zucker, Sahne und Erdnüsse hinzufügen. Die Masse kurz aufkochen und dann leicht abkühlen lassen. Auf den Teig geben und glatt streichen.

4. Den Backofen auf 200 °C Ober-/Unterhitze (180 °C Umluft) vorheizen. Die Teigplatte im heißen Ofen (Mitte) 25–30 Minuten backen, bis die Oberfläche knusprig ist. Mit einem scharfen Messer in Rauten schneiden und abkühlen lassen.

5. Kuvertüre über dem Wasserbad schmelzen und die Spitzen der Rauten hineintunken. Kalt stellen, bis die Kuvertüre fest ist.

Feigen-ERDNUSS-RAUTEN

Zutaten

für ca. 40 Stück

FÜR DEN TEIG

- 75 g Butter
- 1 Ei
- 75 g Zucker
- 2 Pck. Vanillezucker
- 3 Tropfen Bittermandelöl
- 200 g Mehl
- 1 TL Backpulver

FÜR DAS TOPPING

- 3 EL Zitronenmarmelade
- 100 g Feigen
- 100 g Butter
- 80 g Zucker
- 3 EL Sahne
- 100 g gemahlene Erdnusskerne
- 100 g gehackte Erdnusskerne

FÜR DIE GLASUR

- 200 g Zartbitterkuvertüre

SO GEHT'S

1. Butter und Ei zusammen schaumig schlagen. Zucker, Vanillezucker und Bittermandelöl hinzugeben. Mehl mit Backpulver mischen und löffelweise hinzufügen. Alles gut verkneten.

2. Den Teig in eine gefettete Backform (ca. 30 x 25 cm) geben und glatt streichen. Mit Zitronenmarmelade bestreichen. Die Feigen putzen, in kleine Stücke schneiden und darüberstreuen.

3. Butter in einem Topf schmelzen. Zucker, Sahne und Erdnüsse hinzufügen. Die Masse kurz aufkochen und dann leicht abkühlen lassen. Auf den Teig geben und glatt streichen.

4. Den Backofen auf 200 °C Ober-/Unterhitze (180 °C Umluft) vorheizen. Die Teigplatte im heißen Ofen (Mitte) 25–30 Minuten backen, bis die Oberfläche knusprig ist. Mit einem scharfen Messer in Rauten schneiden und abkühlen lassen.

5. Kuvertüre über dem Wasserbad schmelzen und die Spitzen der Rauten hineintunken. Kalt stellen, bis die Kuvertüre fest ist.

Amaretto-Pistazien-Plätzchen

Zutaten

für 25 Stück

FÜR DEN TEIG

- 3 Eiweiß
- 125 g Zucker
- 100 g gemahlene Pistazienkerne
- 100 g gemahlene Mandeln
- 2 EL Mehl

FÜR DIE FÜLLUNG

- 100 g Vollmilchschokolade
- 2 EL Amaretto (alternativ 1 EL Mandeldrink)
- 1 Eigelb
- 50 g Butter
- 50 g Puderzucker
- 2 EL gehackte Mandeln

FÜR DIE DEKORATION

- 100 g Zartbitterkuvertüre
- 20 g gehackte Pistazienkerne

AUßERDEM

- Spritzbeutel

SO GEHT'S

1. Für den Teig die Eiweiße steif schlagen, dann den Zucker löffelweise hinzugeben und zu einer festen Masse schlagen. Pistazien, Mandeln und Mehl mit einem Löffel vorsichtig unterheben.

2. Den Backofen auf 150 °C Ober-/Unterhitze (120 °C Umluft) vorheizen. Zwei Backbleche mit Backpapier auslegen. Mit einem Spritzbeutel 50 Plätzchen daraufspritzen. Im heißen Ofen (Mitte) 20–25 Minuten backen, bis die Plätzchen leicht kross sind. Auf einem Gitter abkühlen lassen.

3. Für die Füllung die Schokolade über dem Wasserbad schmelzen und leicht abkühlen lassen. Amaretto, Eigelb, Butter, Puderzucker und Mandeln unterrühren. Die Masse auf der Unterseite von 25 Plätzchen verteilen und die anderen 25 Plätzchen daraufsetzen.

4. Die Kuvertüre über dem Wasserbad schmelzen und über die Plätzchen träufeln. Mit Pistazien bestreuen.

Cashew-KROKANT

Zutaten

für 2 Backbleche

- 400 g Zucker
- 300 g Ahornsirup
- 230 g Butter
- 400 g Cashewkerne
- 1 TL Natron

AUßERDEM

- Küchen-Thermometer
- Fett für Blech und Topf

SO GEHT'S

1. Zwei Backbleche mit Alufolie auslegen und diese gut einfetten.

2. Die Ränder eines großen Topfes einfetten. Zucker, Sirup und 100 ml Wasser hineingeben und unter häufigem Umrühren bei mittlerer Hitze aufkochen, bis sich der Zucker aufgelöst hat. Sobald die Mischung zu kochen beginnt, 200 g Butter hinzufügen und ständig umrühren.

3. Nach Möglichkeit ein Küchen-Thermometer verwenden. Wenn die Temperatur 140 °C erreicht und die Masse leicht rissig wird, die Cashewkerne hinzufügen. Weiterhin ständig umrühren, bis die Masse bei 150° C fest wird. Vom Herd nehmen und das Natron schnell unterrühren.

4. Die Masse auf die vorbereiteten Bleche geben. Mit zwei Gabeln an den Rändern auseinanderziehen. Erkalten lassen, vom Blech nehmen und auseinanderbrechen. In einem luftdichten Behälter aufbewahren.

Möchtest du deinen Gästen eine besondere Nascherei anbieten? Die edlen Trüffel-Pralinen zergehen auf der Zunge. Ich verrate dir zwei verschiedene Rezepte, eins für dunkle und eins für weiße Trüffel. Aber Vorsicht: Dieser Mischung kann keine Naschkatze widerstehen.

Dunkle SCHOKOTRÜFFEL

Zutaten

für 16 Stück

- ★ 50 g Butter
- ★ 100 g Puderzucker
- ★ ½ Pck. Vanillezucker
- ★ 50 g Backkakao

AUßERDEM

- ★ 2–3 EL Backkakao zum Bestreuen

SO GEHT'S

1. Die Butter schaumig schlagen. Puderzucker hineinsieben und weiterschlagen. Vanillezucker und Kakaopulver unterrühren.

2. Aus der Masse 16 Kugeln formen.

3. Etwas Kakaopulver auf einen kleinen Teller geben und die Kugeln darin rollen. Bis zum Verzehr kalt stellen.

Weiße SCHOKOTRÜFFEL

Zutaten

für 30 Stück

FÜR DEN TEIG

- 300 g weiße Schokolade
- 120 g Crème double
- 30 g Butter
- ½ TL Rosenwasser (alternativ 2 TL Vanillepaste)

FÜR DIE UMHÜLLUNG

- 50 g Kokosraspel
- 50 g gemahlene Pistazienkerne (alternativ Mandeln)
- 200 g weiße Schokolade

SO GEHT'S

1. Die weiße Schokolade in Stücke brechen und mit Crème double und Butter über dem Wasserbad schmelzen. Rosenwasser hinzufügen. In einer kleinen Schüssel für mindestens 4 Stunden kalt stellen.

2. Die feste Masse mit einem Löffel oder Eisportionierer portionsweise abnehmen und zu kleinen Kugeln rollen. Auf ein mit Backpapier ausgelegtes Blech setzen und 30 Minuten in den Gefrierschrank geben.

3. Für die Umhüllung die Kokosraspel und die Pistazien auf einen Teller streuen. Die weiße Schokolade über dem Wasserbad schmelzen und kurz abkühlen lassen.

4. Mithilfe von zwei Gabeln eine gefrorene Kugel in die flüssige Schokolade tauchen. Anschließend in der Kokos-Pistazien-Mischung wälzen, bis der Trüffel gut umhüllt ist. In gleicher Weise mit allen Kugeln verfahren. Trüffel wieder auf das Blech setzen und 1–2 Stunden im Kühlschrank oder 30 Minuten im Gefrierschrank fest werden lassen.

Nikolaus-FUDGE

Zutaten

für 1 quadratische Form
(ca. 20 x 20 cm)

- 500 g Vollmilch-Schokoladen-tropfen oder grob gehackte Schokolade
- 1 Dose gezuckerte Kondensmilch (400 g)
- 50 g Butter
- 1 TL Vanilleextrakt
- Salz
- 200 g Mini-Marshmallows
- 160 g geröstete gehackte Nusskerne nach Wahl

SO GEHT'S

1. Schokolade, Kondensmilch und Butter in einem Topf bei mittlerer Hitze schmelzen, dabei gelegentlich umrühren. Vanilleextrakt und ¼ TL Salz hineingeben. Stetig rühren, bis das Fudge glatt ist. Den Großteil der Marshmallows und der Nüsse hineingeben und unterrühren.

2. Die Form mit Alufolie auskleiden und das Fudge hineingießen. Die restlichen Marshmallows und Nüsse als Dekoration darauf verteilen.

3. Das Fudge mindestens 2 Stunden kalt stellen. Danach aus der Form nehmen und in 5 cm große Quadrate schneiden.

Klassisches ENGLISCHES TOFFEE

Zutaten

für ca. 32 Stück

FÜR DAS TOFFEE

- 100 g Mandeln
- 400 g Butter
- 500 g Zucker
- 80 g Ahornsirup
- Salz

FÜR DIE GLASUR

- 400 g Zartbitterschokolade
- 100 g Mandelblättchen

AUßERDEM

- Backpinsel
- Küchen-Thermometer
- Fett für das Blech

SO GEHT'S

1. Den Backofen auf 160 °C Ober-/Unterhitze (140 °C Umluft) vorheizen. Die Mandeln auf einem mit Backpapier ausgelegten Backblech verteilen und im heißen Backofen (Mitte) ca. 10 Minuten rösten. Alle 3 Minuten umrühren. Herausnehmen und abkühlen lassen.

2. Die gerösteten Mandeln mit dem Messer oder im Mixer klein hacken. Ein Backblech mit Alufolie auskleiden und gut einfetten.

3. Butter, Zucker, Sirup, 60 ml Wasser und ½ TL Salz in einem großen Topf bei mittlerer Hitze aufkochen. Die Masse an den Topfwänden regelmäßig mit einem feuchten Backpinsel nach unten schieben, damit sie nicht kristallisiert. Regelmäßig umrühren.

4. Mit einem Küchen-Thermometer die Temperatur überprüfen. Bei 150 °C beginnt die Masse zu karamellisieren. Vom Herd nehmen und die Masse auf dem vorbereiteten Backblech verteilen. Mit einem Tortenspachtel oder Löffel gleichmäßig glatt streichen. Leicht abkühlen lassen, dann mit einem eingefetteten Messer kleine Quadrate (ca. 2,5 cm) einkerben. Nach dem vollständigen Abkühlen an den Schnittkanten auseinanderbrechen.

5. Die Schokolade über dem Wasserbad schmelzen. Die Toffees einzeln hineintauchen und anschließend mit Mandelblättchen bestreuen. Im Kühlschrank 30 Minuten fest werden lassen.

Überrasche deine Gäste

Seite 132

SCHOKOLADEN-PANETTONE

Seite 146

WEIHNACHTLICHER WHISKY-TRIFLE

Seite 144

VEGANE SCHOKO-MOUSSE

Seite 148

GEWÜRZAPFEL-CHRISTMAS-PUDDING

Du möchtest deinen Gästen ein festliches Dessert oder einen besonderen Kuchen anbieten? Die folgenden Rezepte durften in diesem Backbuch auf keinen Fall fehlen. Sie bieten ein wahrhaft weihnachtliches Geschmackserlebnis.

Die für die Weihnachtszeit typischen Kuchen und Desserts stammen aus verschiedenen Ecken der Welt: italienischer Panettone, französische Bûche de Noël oder australisch-neuseeländische Pavlova. Natürlich sind auch echte britische Rezepte aus dem Backbüchlein meiner Oma dabei: Trifle und Puddings sind bei uns an Weihnachten ein Muss! Und von typisch deutschen Spezialitäten wie Strudel und Stollen hat sie jeweils ganz eigene Varianten mit einem englischen Touch entwickelt.

An die Veganer habe ich ebenfalls gedacht: Das Früchtebrot und die Schoko-Mousse kannst du ohne Reue genießen. Die Rezepte sind kinderleicht und superlecker – probier es einfach aus!

Weihnachts-STRUDEL

Zutaten

für 1 Strudel

FÜR DIE FÜLLUNG

- 50 g Marzipan-Rohmasse
- 3 EL Mincemeat (siehe S. 15)
- 3 EL gehackte Mandeln
- 3 TL Lebkuchengewürz
- 50 g Zucker
- 2 EL Paniermehl
- 4 Äpfel (z. B. Granny Smith)
- 2 Bio-Zitronen

FÜR DEN TEIG

- 50 g Butter
- 4 Blatt Filo-Teig

AUßERDEM

- Puderzucker zum Bestäuben

SO GEHT'S

1. Das Marzipan in eine Schüssel krümeln, mit Mincemeat, gehackten Mandeln, Lebkuchengewürz, Zucker und Paniermehl vermischen.

2. Äpfel schälen, entkernen und in kleine Stücke schneiden. Die Zitronen heiß waschen, abtrocknen, die Schale fein abreiben und den Saft auspressen. Apfelstücke, Zitronensaft und Zitronenschale in die Schüssel geben und vermischen.

3. Die Butter in einem Topf schmelzen. Ein Blatt Filoteig auf ein Backpapier legen und mit geschmolzener Butter einpinseln. Ein weiteres Teigblatt daraufsetzen und mit Butter bestreichen. So bei allen vier Teigblättern verfahren.

4. Die Füllung mittig in einer Linie auf das oberste Filo-Teigblatt geben. An den Enden gut 2 cm frei lassen. Zuerst die Teigblätter über die kurzen Enden der Füllung falten und dann um die Füllung wickeln, sodass eine Rolle entsteht.

5. Den Backofen auf 180 °C Ober-/Unterhitze (160 °C Umluft) vorheizen. Die Rolle mit dem Backpapier auf ein Blech legen und an der Oberseite mit der restlichen Butter bestreichen. Im heißen Ofen (Mitte) 20–30 Minuten knusprig backen.

6. Vor dem Servieren mit Puderzucker bestäuben.

Lebkuchen-Laib
MIT FRISCHKÄSE-FROSTING

Zutaten

für 1 Kastenform (30 x 11 cm)

FÜR DEN TEIG

- 80 g Butter
- 100 g Zucker
- 2 Eier (Größe L)
- 80 g Zuckerrübensirup
- 1 TL Vanilleextrakt
- 250 g Mehl
- 1 TL Natron
- 2 TL gemahlener Ingwer
- 1 TL gemahlener Zimt
- ½ TL frisch geriebene Muskatnuss
- Salz
- 240 g Buttermilch

FÜR DAS FROSTING

- 80 g Butter
- 1 TL Vanilleextrakt
- Salz
- 200 g Frischkäse
- 400 g Puderzucker
- Zuckerstreusel (nach Belieben)

SO GEHT'S

1. Den Backofen auf 180 °C Ober-/Unterhitze (160 °C Umluft) vorheizen. Butter und Zucker mit dem Handrührgerät schaumig schlagen. Die Eier dazugeben und gut verrühren. Sirup und Vanilleextrakt darunterschlagen.

2. Mehl, Natron, Ingwer, Zimt, Muskat und ½ TL Salz in einer anderen Schüssel vermengen.

3. Die Mehlmischung und die Buttermilch abwechselnd portionsweise in die Buttermischung rühren. Den Teig in eine gefettete Kastenform füllen. Im heißen Ofen (Mitte) 45 Minuten backen. Kurz auskühlen lassen, dann aus der Form nehmen und vollständig auskühlen lassen.

4. Inzwischen für das Frosting Butter, Vanille und 1 Prise Salz schaumig schlagen. Den Frischkäse unterrühren. Den Puderzucker hinzugeben und alles zu einer glatten Masse verarbeiten.

5. Den abgekühlten Kuchen mit der Glasur überziehen. Nach Belieben mit Zuckerdekor verzieren.

Britischer STOLLEN

Zutaten

für 1 Stollen

FÜR DIE FRUCHTMISCHUNG

- 1 Bio-Orange
- 1 Bio-Zitrone
- 60 g Rosinen
- 15 g Mandelblättchen
- 15 g Zitronat und Orangeat, gemischt
- 20 g getrocknete Cranberrys
- 1 EL Rum (nach Belieben)
- 1 EL Mehl

FÜR DEN TEIG

- 50 g Butter
- Salz
- ¼ TL gemahlener Piment
- 20 g Zucker
- ½ TL Vanilleextrakt
- 1 Ei (Größe L)
- 170 g Mehl
- 1 Pck. Trockenhefe
- 100 g Marzipan-Rohmasse

FÜR DIE ERSTE GLASUR

- 150 g Butter
- 50 g Zucker

FÜR DIE ZWEITE GLASUR

- 300 g Aprikosenkonfitüre
- 50 g Butter
- 30 g Zucker
- 1 EL Vollmilch

AUßERDEM

- Puderzucker zum Bestäuben

AUF DER NÄCHSTEN SEITE GEHT'S WEITER!

SO GEHT'S

1. Die Orange und die Zitrone heiß waschen und abtrocknen. Den Saft der Orange auspressen. Die Schalen der Orange und der Zitrone fein abreiben. Die Zutaten für die Fruchtmischung (außer Mehl) mit Orangensaft und Schalen in einer Schüssel mischen. Die Schüssel abdecken und über Nacht kalt stellen. Vor der Weiterverarbeitung 1 EL Mehl in die Fruchtmischung rühren.

2. Für den Teig die Butter schaumig schlagen und ¼ TL Salz, Piment, Zucker und Vanilleextrakt einarbeiten. Das Ei hinzugeben und alles zu einer glatten Masse verrühren. Das Mehl mit der Trockenhefe mischen und löffelweise unterarbeiten. 10 Minuten stehen lassen.

3. Den Teig auf eine bemehlte Arbeitsfläche geben und 10 Minuten mit den Händen durchkneten. Die Fruchtmischung hinzugeben und gut unterkneten. Den Teig an einem warmen Ort 1 Stunde gehen lassen.

4. Teig nochmals gut durchkneten, dann auf einer bemehlten Arbeitsfläche zu einem Quadrat ausrollen. Das Marzipan zu einem rechteckigen Block formen und auf den Teig legen. Den Teig um den Marzipanblock wickeln, sodass das Marzipan rundum bedeckt ist.

5. Den Stollen auf ein mit Backpapier belegtes Backblech legen, sodass die Teigkante unten ist. Mit einem Tuch abdecken und weitere 30 Minuten ruhen lassen.

6. Den Backofen auf 200 °C Ober-/Unterhitze (180 °C Umluft) vorheizen. Eine feuerfeste Tasse mit Wasser füllen und zu dem Stollen aufs Backblech stellen. Die Temperatur auf 180 °C (160 °C Umluft) reduzieren und den Stollen im heißen Ofen (Mitte) 20–25 Minuten backen.

7. In der Zwischenzeit die Butter für die erste Glasur in einem Topf schmelzen. Auf dem heißen Stollen verteilen. Dann den Zucker darüberstreuen und abkühlen lassen.

8. Alle Zutaten für die zweite Glasur in einen Topf geben und 1–2 Minuten aufkochen. Den abgekühlten Stollen auf ein mit Puderzucker bestreutes Backpapier setzen und mit der warmen Glasur bestreichen, dann mit Puderzucker bestreuen.

Schokoladen-PANETTONE

Zutaten

für 1 kleine Springform (Ø 20 cm)

- 160 ml Vollmilch
- 7 g Trockenhefe
- 500 g Mehl (Type 550)
- Salz
- 4 Eier (Größe L)
- 100 g Zucker
- 4 EL Sherry (nach Belieben)
- 1 TL Vanilleextrakt
- 120 g Zartbitterschokolade
- 20 g Mandelblättchen

SO GEHT'S

1. Die Milch leicht erwärmen. Die Hefe in 1 EL warmer Milch auflösen. Den Rest der Milch hinzugeben.

2. Die Hälfte des Mehls mit ½ TL Salz in eine Schüssel geben, eine Kuhle in die Mitte machen und das Milch-Hefe-Gemisch hineingeben. Mit den Knethaken des Handrührgeräts 10 Minuten kneten. Abdecken und 30 Minuten gehen lassen.

3. 3 Eier verquirlen. Zucker, Sherry und Vanille hinzugeben und verrühren. Mit dem restlichen Mehl unter den Hefeteig mischen und 10 Minuten zu einem glatten, weichen Teig verarbeiten. Abdecken und 2 Stunden gehen lassen.

4. Die Springform einfetten und mit Backpapier auskleiden. Das Papier sollte am Rand gut 10 cm hoch überstehen. Den Hefeteig auf eine gefettete Arbeitsfläche geben und mit leicht eingeölten Händen gut durchkneten. Die Schokolade in Stücke brechen und unterkneten. Den Teig zu einer Kugel formen und in die Backform geben. Nochmals 1 Stunde gehen lassen.

5. Den Ofen auf 180 °C Ober-/Unterhitze (160 °C Umluft) vorheizen. Das verbleibende Ei verquirlen und auf der Kuchenoberfläche verteilen. Die Mandelblättchen darüberstreuen. Im heißen Ofen (Mitte) 45–55 Minuten backen, bis die Oberfläche goldgelb ist. In der Form 10 Minuten abkühlen lassen, dann herausnehmen und vollständig auskühlen lassen.

In einem luftdichten Behälter hält sich der Panettone bis zu 1 Woche.

Veganes FRÜCHTEBROT

Zutaten

für 1 Kastenform (30 x 11 cm)

- 2 EL Sojamehl
- 60 g vegane Margarine
- 100 g Zucker
- 170 g kandierte Früchte
- 250 ml Orangensaft
- 200 g Mehl
- 1 TL Backpulver
- ½ TL Natron
- 1 TL Lebkuchengewürz

AUSSERDEM

- Margarine für die Form
- Puderzucker zum Bestäuben

SO GEHT'S

1. Sojamehl mit 4 EL Wasser gründlich verquirlen.

2. Margarine, Zucker, Früchte, Orangensaft und aufgeschlagenes Sojamehl in einem Topf aufkochen, dann 10 Minuten abkühlen lassen. Dabei gelegentlich umrühren.

3. Den Backofen auf 180 °C Ober-/Unterhitze (160 °C Umluft) vorheizen. Mehl, Backpulver, Natron und Lebkuchengewürz in einer Schüssel vermischen. Die aufgekochte Mischung hinzugeben und gut verkneten.

4. Den Teig in eine eingefettete Kastenform geben und im heißen Ofen (Mitte) 35–40 Minuten backen. Danach in der Form abkühlen lassen.

5. Vor dem Servieren mit Puderzucker bestreuen.

Weihnachten heute

MEINE FAMILIE UND ICH BESCHENKEN UNS GEGENSEITIG SEHR GERN. ICH SAMMLE DIE GESCHENKE DAS GANZE JAHR ÜBER, DENN UNSERE FAMILIE IST SEHR GROß! ICH LIEBE ES AUCH, GESCHENKE ZU VERPACKEN, UND NATÜRLICH DIE FREUDE BEIM AUSPACKEN.

ES HAT SICH NICHT VIEL GEÄNDERT. WIR ZELEBRIEREN WEIHNACHTEN IMMER NOCH GANZ GROß. AUCH MEIN MANN PAUL IST EIN GROßER WEIHNACHTSFAN – EINS DER VIELEN DINGE, DIE ICH AN IHM LIEBE.

WEIHNACHTSSCHMAUS

Heutzutage feiern wir Weihnachten als eine Mischung aus britischer und deutscher Tradition. An Heiligabend gibt es ein typisch deutsches Abendessen, beispielsweise Königsberger Klopse und Apfelstrudel. Am ersten Feiertag essen wir nach britischer Art Roastbeef und Yorkshire Pudding. Und auf keinen Fall darf zum Nachmittagstee ein Stück selbst gemachte Schwarzwälder Kirschtorte fehlen.

Wenn an den Feiertagen unsere Familien zu Besuch kommen, bereiten Paul und ich jede Menge Leckereien vor. Paul zaubert ein festliches Abendessen. Zu dieser Zeit darf ich nicht in die Küche, weil ich ihm sonst nur im Weg stehe. Umgekehrt schließe ich sogar die Tür ab, wenn ich Kuchen backe und Desserts anrichte. Sonst kommt Paul herein und nascht ständig. Ich habe dann immer Angst, dass nicht genug für unsere Gäste übrig bleibt.

Für uns ist nicht nur das gute Essen wichtig, sondern auch die Atmosphäre. Das weihnachtlich geschmückte Haus, der festlich dekorierte Tisch, leise Weihnachtsmusik. Zum Dinner kleiden wir uns schick und genießen die feierliche Stimmung.

Aber das Beste sind die Gäste! Wir freuen uns jedes Jahr darauf, unsere Verwandten und Freunde königlich zu bewirten. Auf das festliche Abendessen mit mehreren Gängen folgt ein Weihnachtsdessert, und in den Abendstunden mixen wir süffige Cocktails für unsere Liebsten. Die gemeinsame Feier ist für mich das allerschönste Geschenk!

FESTLICHE DEKORATION

Wir beginnen schon sehr früh, meist Ende Oktober, mit dem Schmücken unseres Hauses. So haben wir länger etwas davon. Bis kurz vor Weihnachten sind Paul und ich aufgrund unserer Auftritte viel unterwegs. Wenn wir zwischendurch für ein paar Tage nach Hause kommen, genießen wir die festliche Stimmung im Haus.

Girlanden aus grünen Tannenzweigen mit schneeweißen Bändern und Kugeln winden sich rund um das Treppengeländer. In jedem Zimmer haben wir einen eigenen Weihnachtsbaum, der zu einem bestimmten Thema geschmückt ist, zum Beispiel Harry Potter oder Disney. Sogar auf der Toilette steht ein Tannenbaum, der das „stille Örtchen" durch ein fröhliches „Hohoho!" weniger still werden lässt.

Der Tannenbaum im Flur ist kunterbunt, mit Anhängern, die ich auf meinen Reisen rund um die Welt gesammelt habe. Oft stehe ich dort und erinnere mich an die vielen Orte und Erlebnisse, die ich mit dem Weihnachtsbaumschmuck verbinde.

Im Wohnzimmer strahlt die Tanne edel in Weiß und Silber. Der Esstisch ist festlich hergerichtet. Das gute Geschirr wird aus dem Schrank geholt. Leuchter mit Wachskerzen, kunstvoll gefaltete Servietten und Streudeko verleihen der Festtafel ihren Glanz. Hier feiern wir zusammen mit unseren Freunden und Verwandten, die uns gerne über Weihnachten besuchen und sich in der festlichen Umgebung sehr wohl fühlen.

Die Außendekoration ist Pauls Sache. Er ist eifrig dabei, rund um unser Haus Leuchtgirlanden aufzuhängen und Weihnachtsfiguren aufzustellen. Sogar unser Gartenteich erhält eine festliche Beleuchtung. So bekommen die Kois darin ebenfalls etwas vom Weihnachtsfest mit.

DIE BESTE MAMA DER WELT UND AUCH DIE BESTE FREUNDIN. ICH KANN IHR ALLES ERZÄHLEN, SIE IST IMMER AN MEINER SEITE MIT RAT UND TAT. ICH GENIEßE JEDE MINUTE MIT IHR.

MUTTER UND SOHN. MAN SIEHT GENAU, WOHER ICH KOMME. ICH LIEBE DIESES BILD, MEINE MAMA MACHT JEDEN QUATSCH MIT UND TRÄGT MIT MIR AUCH DIE VERRÜCKTESTEN KOPFBEDECKUNGEN.

AUF DIE PLÄTZCHEN, FERTIG, LOS! ZUSAMMEN BACKEN MACHT NOCH MEHR SPAß. ICH LERNE BEIM BACKEN IMMER NOCH VIEL VON MEINER MAMA. SIE KOMMT IMMER WIEDER MIT NEUEN REZEPTIDEEN UND WIR PROBIEREN SIE GEMEINSAM AUS.

Bûche de NOËL

Zutaten

für 1 Rolle

FÜR DEN TEIG

- 75 g Zartbitterschokolade
- 4 Eier (Größe L)
- 120 g Rohrzucker
- 30 g Mehl
- 30 g Backkakao, plus etwas mehr zum Bestreuen

FÜR DIE GLASUR

- 70 g Butter
- 4 EL Backkakao
- 3 EL Sahnelikör (z. B. Baileys, nach Belieben)
- 220 g Puderzucker, plus etwas mehr zum Verzieren (nach Belieben)
- Zuckerstreusel zum Dekorieren

SO GEHT'S

1. Die Schokolade zerbrechen und über dem Wasserbad schmelzen.

2. Eier und Rohrzucker ca. 5 Minuten verquirlen, bis sich eine feste Masse bildet. Mehl und Kakao über die Eiermasse sieben, die leicht abgekühlte Schokolade darübergeben und langsam unterheben.

3. Den Backofen auf 200 °C Ober-/Unterhitze (180 °C Umluft) vorheizen. Ein Backblech mit hohem Rand mit Backpapier auslegen. Den Teig hineingeben, glatt streichen und im heißen Ofen (Mitte) ca. 15 Minuten backen, bis sich die Oberfläche fest anfühlt.

4. Ein Stück Backpapier leicht mit Kakaopulver bestreuen. Den gebackenen Biskuitteig daraufstürzen und vorsichtig das Backpapier von der Blechseite der Teigplatte lösen. Dann den Biskuit mit dem bestreuten Backpapier zu einer losen Rolle wickeln und abkühlen lassen.

5. Für die Glasur die Butter in einem Topf bei niedriger Hitze schmelzen. Das Kakaopulver unterrühren und den Topf vom Herd nehmen. Likör und Puderzucker hinzufügen und zu einer dickflüssigen Glasur verrühren.

6. Den Biskuit vorsichtig ausrollen. Es ist nicht schlimm, wenn er dabei an einigen Stellen bricht. Ein Drittel der Glasur auf dem Teig verstreichen und den Biskuit wieder zusammenrollen. Die Rolle mit der Kante nach unten auf eine Servierplatte setzen. Die restliche Glasur auf der Rolle verteilen. Mit der Gabel vorsichtig längsseits über die Rolle streichen, um die Rindenstruktur zu modellieren. Nach Belieben mit Puderzucker, Schokostreuseln oder Zuckerdekor verzieren.

ROSS' TI

Bûche de Noël ist ein französisches Weihnachtsgebäck. Hierzulande ist es als Weihnachtsscheit, Julscheit oder Bismarkeiche bekannt. Nach alter französischer Tradition wird an Weihnachten ein besonderer Holzscheit – der sogenannte Weihnachtsscheit – im Ofen verbrannt. Deshalb wird das Gebäck wie ein Holzstück gestaltet. Aber lass dich nicht vom Aussehen täuschen – dieser Weihnachtsscheit schmeckt süß und fluffig!

Schoko-KIRSCH-PAVLOVA

Zutaten

für 1 Pavlova

FÜR DAS BAISER

- ★ 6 Eiweiß
- ★ 330 g Zucker
- ★ ½ TL Weißweinessig (alternativ Apfelessig)
- ★ 1 TL Speisestärke

FÜR DIE FÜLLUNG

- ★ 400 g Crème double
- ★ 200 g Zartbitterschokolade
- ★ 600 g Kirschkompott
- ★ 4 EL Orangenlikör (alternativ Orangensaft)

AUßERDEM

- ★ geraspelte Schokolade zum Dekorieren

SO GEHT'S

1. Die Eiweiße steif schlagen. Den Zucker einrieseln lassen und unterschlagen. Danach Essig und Speisestärke unterrühren.

2. Den Backofen auf 120 °C Ober-/Unterhitze (100 °C Umluft) vorheizen. Drei Backbleche mit Backpapier auslegen und darauf einen Kreis mit 20 cm Durchmesser markieren. Die Hälfte der Baisermasse auf zwei Kreise verteilen und mit einem Teigschaber glatt streichen. Die restliche Masse auf dem dritten Kreis verteilen und mit der Rückseite eines Löffels in der Mitte eine leichte Kuhle formen. Die Baisers im heißen Ofen (Mitte) 2 Stunden backen, danach auskühlen lassen.

3. Crème double in einem Topf zum Kochen bringen. Vom Herd nehmen, die Schokolade in Stücken unterrühren, dann kalt stellen.

4. Das Kirschkompott in einem Sieb über einem Topf abtropfen lassen. Die Kirschen in eine Schüssel geben und beiseitestellen. Orangenlikör zur Kirschflüssigkeit geben. Kurz aufkochen, dann leicht köcheln lassen, bis die Hälfte der Flüssigkeit verdampft ist. Abkühlen lassen.

5. Die erkaltete Schokoladencreme steif schlagen. Die Hälfte der Kirsch-Likör-Sauce untermischen.

6. Eine Baiserplatte auf eine Servierplatte legen und mit einem Drittel der Schoko-Kirsch-Creme bestreichen. Dann ein Drittel der Kirschen darauf verteilen. Den Vorgang mit der zweiten Baiserplatte wiederholen. Beide Platten aufeinandersetzen. Die dicke Baiserplatte obenauf legen und mit Creme und Kirschen dekorieren. Mit Schokoraspeln bestreuen und 1–2 Stunden kalt stellen.

Vegane SCHOKO-MOUSSE

Zutaten

für 6 Portionen

- 200 g vegane Schokolade (mind. 72 % Kakaoanteil)
- 400 g Seidentofu
- Salz
- 1 geriebene Tonkabohne
- 1 EL Puderzucker

AUßERDEM

- geraspelte dunkle und weiße vegane Schokolade zum Dekorieren

SO GEHT'S

1. Die Schokolade über dem Wasserbad schmelzen. Anschließend leicht abkühlen lassen.
2. Seidentofu mit 1 Prise Salz, geriebener Tonkabohne und Puderzucker mit dem Handrührgerät aufschlagen. Die abgekühlte, flüssige Schokolade nach und nach unterrühren. Alles gut vermischen.
3. In Dessertschälchen füllen und 2–3 Stunden kalt stellen.
4. Vor dem Servieren mit der geraspelten Schokolade bestreuen.

Weihnachtlicher WHISKY-TRIFLE

Zutaten

für 6 Portionen

- 2 Äpfel
- Saft von 1 Zitrone
- 2 EL Rohrzucker, plus etwas mehr zum Bestreuen
- 100 ml Whisky
- 1 Glas Schattenmorellen (Abtropfgewicht 350 g)
- 2 Orangen
- 150 g Crème fraîche
- 1 TL Vanilleextrakt
- 300 g Sahne
- 100 g Shortbread (gekauft oder S. 90)

SO GEHT'S

1. Die Äpfel schälen, entkernen und in Stücke schneiden. Zitronensaft, Zucker und Whisky in einem Topf aufkochen. Apfelstücke darin 5 Minuten köcheln lassen.

2. Die Schattenmorellen gut abtropfen lassen. Die Orangen schälen und das Fruchtfleisch aus den dünnen Häutchen lösen. Die Kirschen und Orangenstücke mit den Apfelstücken vermischen. Vom Herd nehmen und abkühlen lassen.

3. Crème fraîche mit Vanilleextrakt verrühren. Die Sahne steif schlagen und unter die Crème fraîche heben. 1 Shortbread für die Dekoration zerkrümeln. Die restlichen Shortbreads in eine große Glasschüssel mit flachem Boden legen. Darauf erst die Obstmischung und dann die Creme verteilen. Den Trifle 1 Stunde kalt stellen.

4. Vor dem Servieren 20 Minuten Zimmertemperatur annehmen lassen und mit Shortbread-Krümeln und Zucker bestreuen.

ROSS' TIPP

Trifle ist eine typisch englische Süßspeise, die aus mehreren Schichten Biskuit, Obst, Creme und Sahne besteht. Es wird in einem „Trifle Dish", einer runden Glasschale mit ebenem Boden und hohem Rand, angerichtet.

Gewürzapfel-
CHRISTMAS-PUDDING

Zutaten

für 6 Portionen

FÜR DEN TEIG

- 250 g Datteln (ohne Stein)
- 2 Äpfel (z. B. Cox)
- 50 g Butter, plus etwas mehr für die Formen
- 2 EL Melasse
- 175 g Rohrzucker
- 2 Eier
- 200 g Mehl
- 1 TL Backpulver
- 1 TL gemahlener Zimt
- 1 TL Natron
- Salz

FÜR DIE SAUCE

- 50 g Butter
- 2 EL Melasse
- Vanillearoma (nach Belieben)
- 75 g Rohrzucker
- 300 g Crème double
- Salz

AUßERDEM

- 6 feuerfeste Schälchen

SO GEHT'S

1. Die Datteln in eine hitzebeständige Schale geben, mit 150 ml kochendem Wasser übergießen und 30 Minuten einweichen lassen.

2. In der Zwischenzeit die Sauce vorbereiten: Butter, Melasse, Vanillearoma, Zucker und Crème double in einem Topf bei mittlerer Hitze 4–5 Minuten erhitzen. Dabei stetig umrühren, bis sich der Zucker auflöst. Die Temperatur erhöhen und die Masse 3 Minuten aufkochen. Zum Schluss 1 Prise Salz hinzufügen. Die Sauce zum Abkühlen beiseitestellen.

3. Die Äpfel schälen, entkernen und in 3 cm breite Stücke schneiden.

4. Für den Teig Butter, Sirup und Zucker mit den Eiern verquirlen. Das Mehl mit Backpulver, Zimt, Natron und ¼ TL Salz vermischen und unterarbeiten. Die Datteln mit der Flüssigkeit sowie die Apfelstücke hinzugeben.

5. Den Backofen auf 180 °C Ober-/Unterhitze (160 °C Umluft) vorheizen. Sechs kleine feuerfeste Schälchen mit Butter einfetten. Den Teig in die Schälchen füllen und im heißen Ofen (Mitte) 25–30 Minuten backen. Anschließend 5 Minuten abkühlen lassen.

6. Die Sauce in der Pfanne erneut bei geringer Hitze aufwärmen. Die Küchlein mit einem kleinen Spieß mehrfach einstechen und die warme Sauce darüber verteilen.

ROSS' TIPP

Serviere den Pudding mit einem Sahnehäubchen oder Vanilleeis.

A very special BANANA PUDDING

Zutaten

für 8–10 Portionen

- 3 reife Bananen
- 1 TL Zitronensaft
- 1 Pck. Vanille-Puddingpulver
- 240 ml kalte Milch
- 1 Dose gezuckerte Kondensmilch (ca. 400 g)
- 340 g Sahne
- 30 Eierplätzchen

ZUR DEKORATION

- Zimtzucker
- 1 feste reife Banane

AUßERDEM

- Glasschale mit flachem Boden und hohem Rand

SO GEHT'S

1. Bananen schälen, in Stücke schneiden und in eine Schale geben. Mit Zitronensaft beträufeln, damit sie nicht braun werden.

2. Das Puddingpulver und die kalte Milch mit einem Handrührgerät 2 Minuten verquirlen. Die Kondensmilch hinzufügen und alles gut verrühren. Danach 2 Minuten ruhen lassen.

3. Die Sahne steif schlagen. Die Hälfte davon mit einem Löffel unter die Puddingmischung heben.

4. Für den Pudding eignet sich am besten eine hohe Glasschale mit flachem Boden. Zunächst eine Schicht Kekse hineinlegen, darauf Bananenscheiben und darüber Pudding geben. Nun wieder eine Schicht Kekse, Bananen und Pudding usw. Am Schluss die restliche Schlagsahne darüber verteilen und für mindestens 30 Minuten kalt stellen.

5. Den Pudding mit einer Mischung aus Zimt und Zucker bestreuen und nach Belieben mit Bananenscheiben belegen.

ROSS' TIPP

Hast du keinen Zitronensaft? Du kannst auch Limetten-, Orangen- oder Ananassaft verwenden, um das unschöne Braunwerden der aufgeschnittenen Bananenstücke zu verhindern.

Lemon CURD

Zutaten

für 6 Portionen

- 2 große Bio-Zitronen
- 230 g Zucker
- 100 g Margarine (alternativ Butter)
- 2 Eier (Größe L)

SO GEHT'S

1. Die Zitronen heiß waschen, abtrocknen, die Schale fein abreiben und den Saft auspressen.

2. Zucker, Zitronenschale, Zitronensaft und Margarine über dem Wasserbad erhitzen und gut verrühren. Vom Herd nehmen, leicht abkühlen lassen und in einen Topf geben.

3. Die Eier verquirlen und hinzufügen. Bei mittlerer Hitze köcheln lassen, dabei 15 Minuten lang durchgehend rühren, bis die Masse eingedickt ist. Nicht aufkochen lassen, sonst gerinnt sie!

4. In eine Glasschale oder mehrere Schälchen füllen und für mindestens 30 Minuten kalt stellen.

ROSS' TIPP

Leckere Variationen: Verwende statt der beiden Zitronen eine Zitrone und eine Orange. Oder ersetze die Zitronen durch 3–4 Mandarinen.

Cocktails for your Christmas Party

Seite 160
FROSTY BITE

Seite 162
SANTA'S PASSION

Seite 164
TIPSY SNOWBALL

Seite 166
WICKED WHISKEY

Meine Mama hat beim Backen oft einen Cocktail getrunken. Und auch ich befeuchte mir gerne die trockene Kehle, wenn ich in der Küche kreativ tätig bin. Warum nicht zwischendurch einen leckeren Drink schlürfen, während du darauf wartest, dass der Kuchen im Ofen bräunt?

Die weihnachtlichen Cocktails sind schnell gemixt und schmecken sowohl beim Backen als auch beim festlichen Weihnachtsdinner. Ich habe jeweils die Zutaten für einen Cocktail aufgelistet. So kannst du problemlos für jeden Gast den gewünschten Drink mixen.

Für den großen Empfang empfehle ich ein besonderes Rezept: Der Christmas Cocktail (S. 158) wird bereits einige Wochen vorher angesetzt und kann an den Feiertagen im Handumdrehen zubereitet werden. Genau das Richtige, um deine Liebsten zu verwöhnen. Cheers!

Christmas COCKTAIL

Zutaten

für 10 Portionen

- 500 g Bio-Clementinen
- 50 g Zucker
- 200 ml Wodka

AUßERDEM

- 4–5 Glasflaschen
- Sekt

SO GEHT'S

1. Die Clementinen heiß waschen, abtrocknen, die Schale fein abreiben und den Saft auspressen.

2. Den Zucker in einem Topf mit 100 ml Wasser auflösen und 3–4 Minuten kochen. Kurz abkühlen lassen, Clementinenschalen und -saft hinzufügen und gut umrühren. 24 Stunden ziehen lassen.

3. Saubere Glasflaschen für 15 Minuten bei 120 °C im Ofen sterilisieren.

4. Den Clementinenmix mit Wodka mischen und in die Flaschen abfüllen. Mindestens 1 Woche an einem dunklen, kalten Ort lagern und einmal täglich schütteln.

5. Für den Christmas Cocktail 50 ml Clementinen-Wodka in ein Sektglas gießen und mit Sekt auffüllen.

merry
CHRISTMAS

Frosty BITE

Zutaten

für 1 Portion

- ★ 50 ml Wodka
- ★ 1 EL Orangenlikör
- ★ 25 ml Cranberrysaft
- ★ 1 EL Limettensaft
- ★ 1 EL Mandarinensaft
- ★ 1 Handvoll Eiswürfel
- ★ 1 ½ Bio-Limettenscheiben

SO GEHT'S

1. Wodka, Likör und Säfte im Cocktail-Shaker mit Eis gut mixen, bis der Shaker kalt wird. Cocktail in ein kaltes Cocktailglas füllen.

2. Die halbe Limettenscheibe über dem Drink auspressen, die ganze als Dekoration auf den Glasrand stecken.

Santa's PASSION

Zutaten

für 1 Portion

- ★ 35 ml Wodka
- ★ 1 EL Passionsfruchtlikör
- ★ 2 TL Vanillesirup
- ★ 1 ½ reife Passionsfrüchte
- ★ Eiswürfel
- ★ Prosecco

SO GEHT'S

1. Wodka, Likör, Sirup und Fruchtfleisch von 1 Passionsfrucht mit Eis im Mixer gut durchschütteln.
2. In ein kaltes Cocktailglas geben und mit Prosecco auffüllen. ½ Passionsfrucht als Deko hineingeben.

Tipsy SNOWBALL

Zutaten

für 1 Portion

- 60 ml Eierlikör
- 1 EL Limettensaft
- Eiswürfel
- Sekt
- 3 Cocktailkirschen
- 1 Zahnstocher

SO GEHT'S

1. Eierlikör und Limettensaft mit Eis im Cocktail-Shaker mixen. In ein kaltes Cocktailglas füllen und mit Sekt aufgießen.
2. Die Cocktailkirschen auf einen Zahnstocher stecken und über das Glas legen.

Wicked WHISKY

Zutaten

für 1 Portion

- 50 ml Whisky
- 25 ml Zitronensaft
- 1 EL Sirup
- 1 Ei
- Cocktailbitter (z. B. Angostura)
- Eiswürfel
- 1 Bio-Zitronenscheibe

SO GEHT'S

1. Whisky, Zitronensaft, Sirup, Ei und Cocktailbitter in einen Cocktail-Shaker füllen und 30 Sekunden mixen. 1 Handvoll Eis hinzufügen und 1 Minute mixen.

2. In ein kaltes, zur Hälfte mit Eis gefülltes Glas geben und mit 1 Zitronenscheibe garnieren.

I wish you a merry baking!

Register

Dankeschön!

Dieses Buch widme ich meinen **Eltern Vivien und Denis**. Danke für so viele schöne Weihnachten. Für funkelnde Weihnachtsbäume. Für die leckersten Weihnachtsdinner. Für die Weihnachtssongs, die wir zusammen gesungen haben. Für viele Spieleabende und Weihnachtsmorgen in Schlafanzügen. Dafür, dass ihr gespart habt, um meiner Tracey und mir jeden Wunsch von den Augen abzulesen. Für eine Weihnachtszeit, die ich jedem Kind auf dieser Erde nur wünschen kann.

Dad: Ich denke zwar jeden Tag an dich, aber an Weihnachten ganz besonders. Auch dieses Weihnachten stoße ich auf dich an, danke für alles.

Mum: Ich freue mich auf jedes Weihnachten mit dir, denn du zeigst mir, was an Weihnachten am wichtigsten ist: GANZ. VIEL. LIEBE.

Grandma Muffy: You'll always be in my heart ... and in my baking. I miss you.

Paul: Thank you, Hubby, for loving me no matter how hard I am to be with ... You are an incredible man with so many wonderful qualities. Thanks for also being my rock through this topsy-turvy journey called life and for supporting my dreams. I love you sooooo much! Your Ross

Romy: Our friendship is like a good wine, the older it gets, the better it becomes. It's been an amazing journey so far, which you have made possible. You really are a remarkable woman and I am so proud to have you in my life. I treasure every moment we spend together and I am extremely thankful for the time and effort you put in to making my career a success. You are AMAZING ... Love you loads!

EMF Verlag: Auf geht's in die zweite Runde! Danke an mein tolles EMF-Team für eure harte Arbeit und den Glauben an einen kleinen, verrückten Engländer, der Cupcakes backt. *Spiegel-Bestseller*? Let's do it AGAIN!

An euch alle, meine Schnuckies: Danke schön an jeden, der mich auf meinem Weg begleitet. Ob seit 2 Monaten oder 20 Jahren. Ich bin euch so dankbar. Ich hoffe, dass dieses Buch eure Weihnachtszeit ein kleines bisschen schöner macht. Esst die Plätzchen, trinkt den Cocktail und singt aus vollen Herzen!

**UND JETZT:
GENUG GEREDET...
LET'S BAKE!**

Noch mehr
BACKSPAß

BACKEN MIT ROSS
ISBN: 978-3-7459-0618-9
€ 22,00 (D) | € 22,70 (A)

AMERIKANISCH BACKEN
ISBN: 978-3-7459-0958-6
€ 22,00 (D) | € 22,70 (A)

HELDEN DER KINDHEIT – DAS BACKBUCH
ISBN: 978-3-96093-446-2
€ 25,00 (D) | € 25,70 (A)

DAS WEIHNACHTS-BACKBUCH
ISBN: 978-3-7459-1359-0
€ 24,00 (D) | € 24,70 (A)

BACKEN MIT KIDS – WEIHNACHTEN
ISBN: 978-3-7459-1338-5
€ 18,00 (D) | € 18,50 (A)

MEIN ADVENTSKALENDER-BACKBUCH: SWEET CHRISTMAS – ZUCKERFREI
ISBN: 978-3-7459-1260-9
€ 16,00 (D) | € 16,50 (A)

Impressum

Bibliografische Information der Deutschen Bibliothek.

Die Deutsche Bibliothek verzeichnet diese Publikation in der Deutschen Nationalbibliografie.

Detaillierte bibliografische Daten sind im Internet über http://www.dnb.de/ abrufbar.

Sofern nicht anders angegeben, werden in den Rezepten Weizenmehl Type 405 und Eier in Größe M verwendet.

EIN BUCH DER EDITION MICHAEL FISCHER

1. Auflage 2022

Covergestaltung, Layout und Satz: Alexandra Wolf

Projektmanagement: Katharina Gutschik

Redaktion: Gesa Friedrichsen

Lektorat: Gesa Friedrichsen & Katharina Gutschik

Rezeptfotografie: Daniela Haller,
außer: S. 17: © Tatiana Vorona/Shutterstock

People-Fotografie: Jens van Zoest,
außer: S. 7, 8, 139: Wolfgang Breiteneicher,
Familienfotos: privat

Bildnachweis Hintergründe und Illustrationen: S. 38, 40, 41, 68, 69, 71, 96, 97, 98, 99, 137, 138: ©Diana Taliun/Shutterstock; S. 38, 68, 137: ©Philphot/Shutterstock; S. 10, 16, 17 und alle weiteren Mistelbeeren: ©Yuliya Derbisheva VLG/Shutterstock; S. 1/3: ©janniwet/Shutterstock; S. 10, 16, 17, 24, 84, 86, 90, 92, 94, 100, 102, 104, 106, 108, 110, 114, 116, 118 und alle weiteren Tannenzweige: ©Elena Medvedeva/Shutterstock; S. 17: ©Tatiana Vorona/Shutterstock; S. 19, 21, 57, 81, 97, 98, 99, 121, 155: ©Karolina Madej/Shutterstock; S. 38, 39, 40, 41, 68, 69, 70, 71, 96, 97, 98, 99, 136, 137, 138, 139: ©Romanova Ekaterina/Shutterstock; S. 154: ©LeManna/Shutterstock; Cover, S. 1–4 und alle weiteren Sterne: ©Stock-vector-photo-video/Shutterstock; S. 60, 62, 64, 66, 72, 74, 76, 78: ©imaginasty/Shutterstock; S. 24, 26, 28, 30, 32, 34, 36, 42, 44, 46, 48, 50, 52, 54: ©Sheldinka/Shutterstock; S. 23, 59, 83, 123, 157: ©y.s.graphicart/Shutterstock; S. 124, 126, 128, 132, 134, 140, 142, 144, 146, 148, 150, 152: ©60seconds/Shutterstock; S. 158, 160, 162, 164, 166: ©Daria Ustiugova/Shutterstock; S. 11, 120, 173: ©Oleh Svetiukha/Shutterstock; S. 121: ©BikerBarakuss/Shutterstock

ISBN 978-3-7459-1217-3

Gedruckt bei Polygraf Print, Čapajevova 44, 08001 Prešov, Slowakei

www.emf-verlag.de